Vadim Tschenze

Die Geheimnisse der Liebesmagie

W0048146

Vadim Tschenze

DIE GEHEIMNISSE DER
LIEBES
MAGIE

//////////// SILBERSCHNUR ////////////

Hinweis

Alle in diesem Buch enthaltenen Angaben wurden vom Autor nach bestem Wissen zusammengestellt. Die Informationen in diesem Buch sind nicht dazu gedacht, einen Arzt oder Therapeuten zu ersetzen. Eine Haftung des Autors bzw. des Verlages für Personen-, Sach- und Vermögensschäden ist ausgeschlossen.

ISBN: 978-3-89845-252-6

1. Auflage 2008
2. Auflage 2009

Gestaltung & Satz: XPresentation, Boppard
Druck: Finidr, s.r.o. Cesky Tesin

Verlag "Die Silberschnur" GmbH · Steinstr. 1 · 56593 Güllesheim
www.silberschnur.de · Email: info@silberschnur.de

Widmung

Dieses Buch widme ich meinem
vor kurzem verstorbenen Vater.

Ich bedanke mich auch bei allen meinen
Fernsehzuschauern und Lesern, die an meiner
Arbeit Interesse gefunden haben. Durch dieses
Buch finden Sie den Weg zur Liebe – und
womöglich zu sich selbst.

Lernen Sie, sich selbst zu lieben und die Liebe
anderer zuzulassen. Lernen Sie, diese Energie-
quelle für sich nützlich zu machen.

Ich widme dieses Buch allen, die an die Liebe
glauben und nach ihr suchen.

Du bist deines Glückes Schmied.

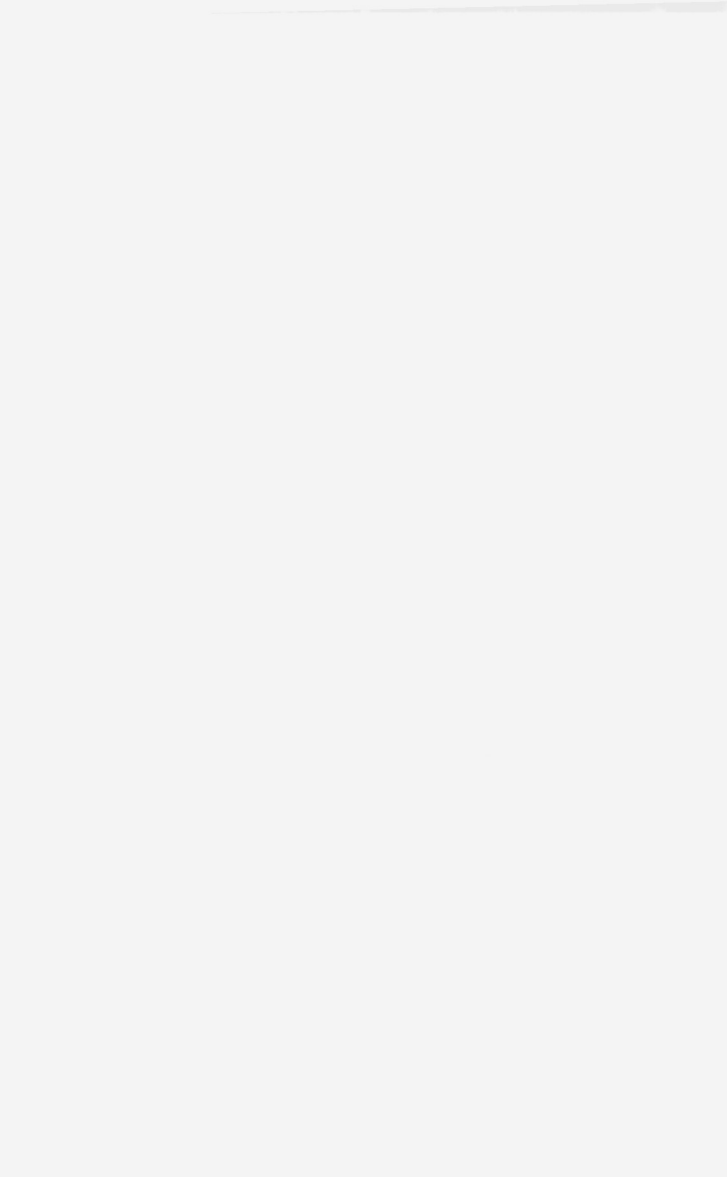

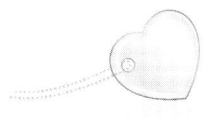 *Inhaltsverzeichnis*

VORWORT

"Auf dieser Welt ist alles nur geliehen:
Gefühle, Geld, Eigentum ... und alles
Schöne. Genieße alles so, wie es ist,
nimm mehr für dich, und gönne
dir etwas, dann bekommst du auch
Liebe geschenkt ..."
Vadim Tschenze

Liebe Leserinnen und Leser,

endlich kann ich mein Versprechen einlösen und Ihnen dieses Liebesmagiebuch vorstellen. Ich teile mein Wissen gerne mit Ihnen, denn wie ein ägyptisches Sprichwort sagt: *"Ein Stück Brot, mit Herzlichkeit geteilt, reicht aus, um hundert Menschen satt zu machen."* Also teile ich mein "Brot" mit Herzlichkeit ...

Jeder von uns hat unerfüllte Träume, Wünsche und Bedürfnisse. Der eine möchte irgendwelche Schmerzen loswerden oder schneller genesen, der andere will umziehen oder ein neues Zuhause finden, wieder ein anderer wünscht sich Ruhe vorm Nachbarn usw. Der Vierte will einfach einen geeigneten Partner oder eine geeignete Partnerin finden oder einen bestimmten Menschen für sich gewinnen bzw. zurückerobern.

Unsere Wünsche und Bedürfnisse erfüllen sich jedoch nicht immer, weil sie teilweise nicht nach oben (Universum) gelangen oder weil sie durch negative Energien auf dem Weg dahin abgebremst werden. - Kann man dagegen nichts tun? Doch! Der Schlüssel dazu ist die Magie! Mit Magie werden Sie nicht mehr an den kleinsten Dingen des Lebens scheitern und können Ihr Liebesleben so gestalten, wie Sie es wollen.

Schon im Altertum oder bei traditionsverbundenen Völkern, wie beispielsweise dem berühmten fahrenden Volk, waren Liebesrituale schon immer sehr beliebt, und die geheimen Kenntnisse zu deren Durchführung wurden von Generation zu Generation weitergeben. Dabei wurden verschiedene Mixturen, Talismane und Amulette dazu verwendet, um den Partner oder die Partnerin zu verzaubern. So kann aus einem Freund ein Liebhaber werden – oder aus einem Liebhaber ein Ehemann.

Magie ist eine sehr komplizierte, jedoch auch sehr einfache Materie. Man sollte diese Materie verstehen, dann versteht man es zu leben. Dennoch muss man immer bedenken, dass Magie eine sehr alte Kunst ist, mit ihr ist nicht zu spaßen. Ich nenne Magie auch Energiearbeit, es ist eine Arbeit mit Gedanken, Fetischen und Ritualen.

Gedanken oder, die Wünsche der Menschen gehören zu magischen Vorgängen dazu, denn sie tragen ein energetisches Potenzial in sich – und zwar jedes Wort, das wir aussprechen und jeder Gedanke, den wir uns durch den Kopf gehen lassen, ist eine enorme Schwingung. Deshalb denken Sie immer daran: **Schon bevor Sie etwas ausgesprochen haben, gibt es bereits einen mächtigen Energieausstoß.**

Jedes Ritual kann für "Gutes" wie auch für "Schlechtes" verwendet werden. Denken Sie deshalb immer zuerst daran, ob Sie mit Ihrer Handlung jemandem schaden könnten. Passen Sie auf: Alles, was

Sie in die Welt setzen, besitzt Kraft und kehrt irgendwann in einer Form energetisch zu Ihnen zurück. Das ist das so genannte Spiegelgesetz oder das Gesetz der Anziehung: Gleiches zieht Gleiches an, Gleiches zu Gleichem! Versuchen Sie deshalb, die Magie nur im Guten zu verwenden, und schaden Sie niemandem damit, denn derjenige, der im Endeffekt tatsächlich geschädigt wird, das sind dann Sie selbst.

Natürlich erhebt mein Buch keinen Anspruch auf Vollständigkeit – es wäre auch unmöglich, sämtliche Erkenntnisse aus mehreren tausenden von Jahren in einem einzigen Buch bis ins Detail zu beschreiben. Dennoch hoffe ich, dass Sie viele Aha-Erlebnisse haben werden bei der Lektüre ... Und, falls Sie, meine lieben Leser, noch mehr wissen und lernen möchten, dann schreiben Sie bitte eine E-Mail an vadim@vadimtschenze.de

oder besuchen Sie meine Homepage
www.vadimtschenze.de

Für weitere Fragen steht Ihnen mein Sekretariat zur Verfügung unter der Telefonnummer
0041 (0) 71 670 1785.

"Lernen Sie, zu lieben und
geliebt zu werden – das ist Ihr
Schlüssel zum Glück."
Vadim Tschenze

WAS IST MAGIE?

Bevor ich erzähle, wie man sich mit der Praxis der Magie befassen kann, möchte ich etwas zur Magie selbst sagen. Ich begann bereits mit acht Jahren, mich mit Magie, Riten, energetischen Vorgängen, Wahrsagen und Ritualen zu beschäftigen. Meine Kunden konnten von meinem Wissen bereits Gebrauch machen, aber ich will mein Wissen über die Magie nun auch an meine Leser weitergeben.

Das Wort Magie stammt aus dem Persischen und war ursprünglich eine Bezeichnung für Priester, die sich in vielen Religionen, Weltanschauungen und Wissenschaften auskannten. Es waren Menschen, die ein umfassendes Wissen besaßen und verschiedene Dinge bewirken konnten, die normale Menschen nicht verstanden. Ursprünglich bildeten Wissenschaft und Magie also eine Einheit und hingen eng miteinander zusammen.

Um etwas wahr werden zu lassen, muss man wissen, was man genau will. Man muss sich das dabei nicht nur in Gedanken, sondern immer auch in Bildern vorstellen können. Denn das Unbewusste liebt Bilder und kann etwas damit anfangen. Also nicht nur einfach sagen: *"Ich möchte, dass mein Liebster mich liebt"*, sondern stellen Sie es sich immer bildlich vor, so als hätten Sie den Liebsten bereits vor sich stehen. Es muss fast greifbar sein ...

Also, je stärker wir uns unsere Wünsche bildlich vorstellen und uns in eine Art Trance versetzen können, umso wahrscheinlicher wird es sein, dass der Zauber wirkt.

Durch die Veränderung der eigenen inneren Wirklichkeit ändert man die äußere Erscheinung der Welt. Das ist im Grunde Magie.

Man kann Magie damit als "komplexe Energiearbeit" definieren: Es ist die Kunst, die Lebenskraft des Universums, die universelle Kraft, zu lenken und für die eigenen Zwecke zu nutzen – im Einklang mit dem Kosmos. Dabei arbeitet man mit verschiedenen "feinstofflichen" Werkzeugen und Energien.

Es gibt mehrere Arten von Magie:

- weiße Magie, die Magie des Heilens und des Guten,
- schwarze Magie, die Magie der Schädigung und des Negativen sowie
- graue Magie, die duale Liebesmagie, eine doppelseitige Magie, mit deren Hilfe man Gutes sowie Schlechtes bewirken kann.

Andererseits kann man Magie auch wie folgt unterteilen:

- Erfolgsmagie, auch "niedere Magie" genannt, das ist eine Magie der einfachen Rituale,
- "hohe Magie", was die Magie der komplizierten Rituale beschreibt.

Die Grundstruktur der Magie ist zwar sehr komplex, jedoch einfach zu verstehen. Magie ist dualistisch, kann also für Gut und Böse angewendet werden – und deshalb funktioniert sie so gut. Magie stellt eine Mischung aus Kreativität und Rationalität dar:

Kreativität und Kunst werden vertreten von:	Die Ratio/Wissenschaft werden vertreten von:
rechter Gehirnhälfte linker Körperhälfte	linker Gehirnhälfte rechter Körperhälfte
Gefühlen und Intuition dem Bauch der Ordnung unseren Ahnen Vision und Meditation	dem Verstand dem Kopf dem Chaos dem Berechnen Denken
Trance	Wille

Die Kreativität entspricht also der "Trance", die Wissenschaft dagegen dem "Willen".

Hieraus ergibt sich: **Trance + Wille = Magie.**

Wenn wir die Grundgesetze der Magie kennen, lassen sich ohne Probleme alle Wünsche erfüllen. Der Schwerpunkt der Magie muss auf der Schulung von Wille und Trance liegen.

Ich habe für Sie eine Übung, die Ihnen hilft, die Magie anzunehmen und leichter in die Materie zu finden.

Übung:

Nehmen Sie einen Gegenstand, z. B. einen Kugelschreiber, und versuchen Sie, sich 10 bis 12 Minuten lang auf ihn zu konzentrieren. Sehen Sie sich den Gegenstand genau an. Machen Sie dann die Augen zu, und versuchen Sie, ihn etwas länger zu visualisieren. Stellen Sie sich vor, der Gegenstand liegt genau vor Ihnen.

Wiederholen Sie diese Übung häufiger.

"Das Geliebte zu vergöttern,
ist die Natur des Liebenden."

Friedrich Schlegel

WAS MUSS EIN MAGIER WISSEN?

Wenn Sie mit der Magie beginnen, sollten Sie sich viel Zeit für sie nehmen. Fleißiges Üben und der Glaube an Ihre Fähigkeiten sind der Schlüssel zum magischen Erfolg! Als Magier sollen Sie Ihre Gaben dabei zulassen, jedoch auch Ihre Grenzen anerkennen. Denn denken Sie immer daran: Sie dürfen mit Ihren Handlungen niemandem schaden. Bemühen Sie sich ferner, die Grundelemente der Magie zu verstehen, und bilden Sie sich ständig weiter. Ein Magier sollte immer wissen, was er will! So erreichen Sie Ihre Ziele.

Wenn ein Magier die Magie missbraucht, kann das schlimme Folgen hervorrufen. Es zeigten sich in der Vergangenheit in großer Häufigkeit folgende Beschwerden:

- Zweifel der Person
- Heuchelei
- Sucht
- Haltlosigkeit
- nervöse Störungen
- Verbissenheit

Denken Sie deshalb immer daran: Magie ist eine seriöse Sache und kein Spielzeug! Sobald man sich etwas gewünscht hat und Magie anwendet, dehnt sich die Wunschenergie aus und aktiviert die gewünschte Bewegung. Aus meinen Büchern wissen Sie, dass unsere Worte eine sehr starke Wirkung zeigen – sie können sogar auch unausgesprochen schon wirken. Besprechen, Gebete und die Arbeit mit Energien ist daher eine sehr verantwortungsvolle Aufgabe.

Gedanken können Berge versetzen. Gedanken sind Energien, weswegen Sie, *bevor* Sie eine Energiearbeit beginnen, auch wenn es sich um weiße

Magie handelt, mehrmals überlegen sollten, ob Sie das Gewünschte wirklich wollen und ob Sie mit Ihrem Wunsch eventuell jemandem schaden.

"Die Sonne leuchtet für alle."
Gaius Petronius

GRAUE MAGIE

Das Begriff graue Magie klingt für meine Ohren gut. Denn Magie ist schlicht Magie, eine Energie – und mit der gleichen Energie kann man entweder schaden oder heilen. Somit kann man die Magie nicht direkt in schwarze und weiße trennen, sondern sie ist eher eine Mischung aus beiden – und sie wirkt bei jedem, so wie die Sonne für alle leuchtet.

Wenn Sie oder jemand aus Ihrem Bekanntenkreis zum Beispiel ein Problem in der Liebe haben und darüber nachdenken, ein Liebesritual oder eine Energiearbeit auszuführen, sollten Sie sich sicher sein, dass es auch für den gewünschten Partner richtig ist. Sie sollten bei allem, was Sie tun, nicht nur an die Erfüllung Ihrer Bedürfnisse denken, sondern auch berücksichtigen, dass andere Menschen auch Bedürfnisse und Wünsche haben.

Die Magie ist eine feine Materie, echte Energiearbeit. Sie stellt einen Versuch dar, mit Hilfe geheimnisvoller Kräfte und durch Rituale die Geister- und Menschenwelt zu beeinflussen. Um Magie ausüben zu können, braucht man keine Zauberkraft oder Hellsicht. Wenn jedoch eine mediale Gabe vorliegt, ist das nur von Vorteil.

Geschieht nicht, was Sie wollen, dann wollen Sie, was geschieht!

*"Die Griffe der Handwerker lassen
sich nicht lehren."*

G.C. Lichtenberg

MEDIALE BEGABUNG

Medialität lässt sich meistens in mehreren Generationen einer Familie nachweisen, oder sie liegt karmisch durch eine ähnliche Erfahrung aus dem Vorleben vor, was deutlich häufiger vorkommt.

Die niedrigste Form, mit der man eine Art von Medialität erlangen kann, ist eine Teufelsverschreibung oder Okkultismus. Dabei werden die Kräfte durch Besetzung von einer fremden Seele erworben, sie werden sozusagen übertragen – allerdings um den Preis, dass Sie nicht mehr Sie selbst sind, sondern besetzt, ferngesteuert ...

Beispiele für positive Übertragungen:

1 Eine Kundin von mir berichtete, dass sie von einer Reikimeisterin durch Handauflegen behandelt worden war. Nach einer Behandlung bekam sie Kopfschmerzen, die jedoch schnell verschwanden. Hinterher hatte sie dann das Gefühl, dass ihre Hände heiß geworden waren und sie viel Energie in den Händen besaß. Es lässt sich hier darüber streiten, ob sie die Energien von der Meisterin bekam oder eigene Energien aktiviert wurden.

2 Mehrere Kunden berichteten, dass sie durch meine Gebete und ein Ritual neue Kräfte bekamen. Sie beteten auch selbst mehrmals am Tag und hatten bemerkt, dass sie ihre Schmerzen durch Handauflegen auf die betroffenen Stellen lindern konnten.

3 Eine junge Kundin berichtete vor kurzem, dass sie durch mein Handauflegen in die Lage versetzt wurde, verschiedene Bilder vor ihrem dritten Auge erkennen zu können. Ich nahm die Hand der jungen Dame, und plötzlich sah sie wieder verschiedene Bilder, mit denen sie allerdings nicht viel anfangen konnte.

4 Ich selbst komme aus einer spirituellen Familie, in der die Spiritualität seit sechs Generationen ausgeübt und gelebt wird.

5 Mentalsuggestion ist eine weitere Vorstufe der Magie. Dabei wird die Kraft oder eine Gabe durch die Ferne übertragen. So kann eine Person durch suggestive Beeinflussung auf Distanz eine andere Person lenken oder ihr neue Gaben übertragen. Das passiert meistens durch das Eindringen über das dritte Auge.

So berichtete ein Klient von mir, dass er im Traum eine Art "Einpflanzen von fremden Gedanken" erlebt habe. Die Gedanken haben ihn allerdings auch nach dem Aufwachen weiter begleitet und nicht verlassen. Er könnte auf einmal vieles "Neue" um sich herum erkennen, was er früher nicht sehen konnte.

Um mediale Gaben zu erkennen, habe ich ein System entwickelt, das "spirituelle Stufen-System". Hierbei handelt es sich um eine spezielle Kartenlegung, die es einem ermöglicht zu erkennen, welche Art von spiritueller Arbeit zu einem passt.

"Du brauchst nur zu lieben,
und alles ist Freud."
Leo Tolstoi

LIEBESZAUBER

Man kann Magie auf verschiedene Weise anwenden, man kann mit ihr heilen oder krank machen, schützen und abwehren oder belasten, bannen und lösen oder besetzen. Und auch wenn wir uns in diesem Buch auf Liebeszauber konzentrieren, so sollten Sie immer bedenken, dass Sie Magie nur sehr überlegt und zum Wohle aller Beteiligten anwenden sollten. Achten Sie immer auf den freien Willen eines Einzelnen, und zwingen Sie ihn nicht zu etwas, was er nicht möchte. Darüber hinaus fällt jede schädliche Anwendung von Magie auf Sie zurück, weswegen Sie sich genau überlegen sollten, ob und wie Sie sie anwenden ... Liebesrituale können Liebe oder Hass bringen, und dasselbe Ritual kann sowohl für gute als auch für böse Zwecke verwendet werden – die Wahl liegt bei Ihnen, wählen Sie gut ...

Beispiele:

1 Einmal kam eine Dame zu mir, die ihren Mann zurückholen wollte, der eine Geliebte hatte. Ich schaute in die Karten und habe gesehen, dass die neue Geliebte eine karmische, also schicksalhafte Partnerin war und der Mann durch sie etwas lernen sollte. So habe ich keinen Liebeszauber empfohlen und die Kundin nach Hause geschickt. Denn hätte ich einen Zauber angewendet, hätte das als schwarze Magie gegolten.

2 Eine andere Klientin wollte, dass ihr Mann in die Familie zu ihr und ihrem Sohn zurückkommmt. Dieser Mann hatte auch eine Geliebte, die 20 Jahre jünger war als er. Der Ehefrau war aufgefallen, dass er sich sehr verändert hatte. Der Ehemann wollte niemanden mehr sehen, und seine kranke Mutter hat ihn auch nicht mehr interessiert. Durch das Kartenblatt sah ich, dass eine schwarze Magie seitens der Geliebten angewendet worden war und der Mann "eine magische Brille" trug.

Ich habe eine Reinigung durchgeführt, die die negativen Einflüsse entfernte und den Mann in die Familie zurückbrachte. Diese magische Handlung kann man als weiße Magie definieren.

3   Eine andere Frau hatte ein Verhältnis mit einem verheirateten Mann. Eines Tages sagte ihr Freund: "Wir können noch nicht zusammenleben. Du musst Geduld haben. Zuerst machen wir eine kurze Pause." Die Frau war verwirrt und ist zu meiner Sitzung gekommen. Wie sich herausstellte, stand der Mann bereits unter der Beeinflussung der Magie, die seine Ehefrau angewandt hatte.

4   Eine andere wahre Geschichte: Eine Kundin berichtete, dass sie sich von ihrem Freund trennen wollte, er jedoch wollte sie nicht loslassen und hat ihr gedroht, dass, wenn sie ihn verlässt, er sofort zu Magie greifen und sie zurückholen würde. Er hat der

Frau damit jedoch keine Angst eingejagt, und sie trennte sich von ihn.

Ein paar Wochen später rief er sie an und sagte: "Ich werde dir ab sofort im Traum erscheinen und dich nehmen. Ich kann dich jederzeit haben, alles was ich brauche, nehme ich mir von dir, ohne dass du es verhindern kannst."

Bereits zwei Nächte nach diesem Gespräch spürte sie in der Nacht plötzlich seine Gegenwart. Er besuchte sie immer wieder, bis sie sich entschlossen hat, etwas dagegen zu unternehmen. Wie so oft ging sie zum Psychiater, der allerdings nichts finden konnte; danach kam sie zu mir. Nach der Seelenreinigung durch Gebete verschwand der Mann aus ihren Träumen. Später erfuhr die Klientin, dass er erkrankte, denn die gesendeten Energien wurden komplett abgewehrt und zurückgesendet.

BANNEN UND LÖSEN

Was ist das so genannte Bannen, und was ist das Lösen? Es ist die Fähigkeit, einen anderen Menschen zu beeinflussen – positiv und negativ versteht sich. Durch das Bannen kann man einen anderen zum Beispiel auf den Boden fallen, schreien oder auch springen lassen. Diese Form der Magie ist eine sehr seltene Erscheinung, und es ist eine Form der schwarzen Magie, deren Anwendung unweigerlich auch wieder auf Sie zurückfallen wird ... Man kann gegen solche Zauber aber auch kämpfen und die negativen Energien zurücksenden. Das nennt man dann Lösen.

Wenn man mit der spirituellen Materie arbeitet und Menschen hilft, passieren sehr oft solche Anschläge durch Neider. So etwas erlebte ich vor Jahren sogar selbst. Innerhalb einer Woche bekam ich Magenschmerzen und wurde in ein Krankenhaus eingeliefert. Doch die Ärzte fanden nichts.

Dann schöpfte ich einen Verdacht und zog eine schamanische Eierreinigung durch (eine Reinigung mittels eines Hühnereis im Wasserglas, die Beschreibung dazu können Sie in meinem Buch *"Nützliche Tipps"* finden). Anschließend arbeitete ich mit Gebeten und machte eine Schamanenreise, in der ich erfuhr, dass jemand mit meinem Foto gearbeitet und das Foto auf einem Friedhof vergraben hatte.

Dies hatte die Magenschmerzen hervorgerufen. Wenn man nicht ausreichend geschützt ist, kann solch ein Ritual sogar töten. Nach der Reinigung und nach dem Aufstellen eines Schutzschildes erfuhr ich, dass eine meiner Kolleginnen plötzlich ins Krankenhaus eingeliefert worden war. Sie rief mich später an und beichtete, dass sie mein Foto vergraben hatte, und deshalb ist sie bestraft worden. Sie wollte sich entschuldigen und hatte Angst zu sterben. Sie bat mich, ihr zu helfen.

In so einem Fall gibt es aber keine Hilfe für den Schwarzmagier. Nur er selbst kann seine bösen Vorgänge verantworten. Sie wissen ja: "Alles was gesendet wird, kommt 7-fach verstärkt zu einem zurück." Also, Hände weg von schwarzer Magie oder Ritualen, die einem anderen Menschen schaden!

RITUALE

Woraus besteht eine magische Handlung? Nun, dies kann variieren. Meistens besteht sie, wie ein Gebet, aus vier Elementen:

- Begrüßung der Materie
- Spruch oder Gebet
- Symbolhandlung und Visualisieren des Geschehens
- Verwendung eines Fetischs oder Werkzeugs

Die Begrüßung der Materie ist ein Anruf, der an die höhere gute (göttliche) oder schlechte (teuflische) Kraft erfolgt (noch einmal: Hände weg von schwarzer Magie!). Dadurch wird entschieden, ob positive oder negative Magie zum Einsatz kommt. Diese Begrüßung löst sozusagen die magischen Kräfte aus und bringt die Wirkung ins Rollen.

Der Zauberspruch ist oft auch ein Bibelwort, und es werden Gebete wie das Vaterunser drei oder mehrere Male hintereinander gelesen.

Die Symbolhandlung oder das Visualisieren wirkt sehr stark. Unser Vorhaben wird dabei durch unseren Willen und das Imaginieren verstärkt.

Die Verwendung eines Fetischs (ein Fetisch ist ein magisch geladener Stoff oder ein Werkzeug wie zum Beispiel eine Kralle, ein Kraut, die Asche eines bestimmten Holzes, Rauch, Salz oder eines der fünf Elemente Holz, Erde, Wasser, Feuer und Luft) versiegelt oder fixiert das Vorhaben.

Natürlich gibt es auch einfachere Rituale, die ich Ihnen u. a. auch in diesem Buch vorstellen werde.

FOLGEN DER MAGIE

Magie kann verschiedene Folgen haben, je nach dem, welche Art von Magie angewendet wurde oder wie man mit der Magie umgeht, können die Folgen davon positiv oder negativ sein.

Die Magie kann eine schnelle Hilfe bringen, heilende Energiearbeit und Besprechen wirken beispielsweise stärkend. Schwarzmagische Hilfe zerstört dagegen etwas oder jemanden und wird auch dem Magier unweigerlich Nachteile bringen, da er im Bösen handelt. Nur dumme Menschen wenden daher noch schwarze Magie an ...

Doch leider gibt es sie noch, und daher muss man sich fragen: Gibt es eine wirksame Abwehr gegen schwarze Magie? Die Antwort lautet: Ja! Man kann die negative, schwarze Magie mit weißer Magie entkräften. Dies funktioniert aber nicht immer, deshalb ist das größte Gebot im Rahmen von Ritualen zu befolgen: Vorsorgen ist besser als heilen! Man sollte sich also lieber im Vorfeld schützen.

Jedes magische Ritual kann auch durch Gebete verhindert werden. Die Magie kann also mit den Waffen des Glaubens und durch Energiearbeit abgewehrt werden. Sie können auch verschiedene Amulette, wie z. B. ein Pentagramm gegen Magie, verwenden.

Zeichnen Sie dazu einen Davidstern auf ein Blatt Papier, und schreiben Sie Ihren Vornamen darunter. Tragen Sie diesen Zettel mit sich, so werden Sie geschützt.

Die liebe Liebe

Der Mensch kann ohne Liebe nicht leben, denn Liebe ist das höchste Gut, das wir in unserem Dasein haben. Ohne Liebe kann kein Mensch überleben oder sich entwickeln. Liebe kann jedoch auch schwierig sein, und die große Liebe kann sehr oft auch Leid mit sich bringen. Doch das Lieben kann schließlich auch gelernt werden ...

Magie hat über Jahrtausende hinweg Menschen geholfen, die große Liebe zu finden und zu halten. Durch die Anwendung einfacher Liebesrituale können auch Sie, lieber Leser, lernen, die Liebe richtig zu genießen. Dazu müssen Sie lernen, nie den Respekt vor sich selbst und vor dem anderen zu verlieren. An dieser Stelle möchte ich auch noch einmal erwähnen, dass die Magie nur zum Guten verwendet werden darf! Sie übernehmen die Verantwortung für all Ihre Handlungen, aber lassen Sie lieber gleich die Finger von negativen Beeinflussungen oder von Ritualen, die in den freien Willen eines anderen Menschen eingreifen. Wenn Sie sich daran halten, dann bringt Ihnen die rituelle oder magische Arbeit nicht nur Spaß, sondern sie wird Ihnen auch Ihre Ziele näherbringen und Ihren Blick für neue Horizonte öffnen.

Denken Sie auch immer daran: In der Liebesmagie gibt es keine Zaubersprüche, die sofort wirken, und keine Zauberstäbe, die das Gewünschte sofort herbeizaubern. Was aber wichtig ist, damit das Ritual erfolgreich wirken kann: Man muss an den Erfolg der Magie glauben, man muss lernen, das Gewünschte zu visualisieren, und ein Gefühl dafür entwickeln, das Gewollte bereits zu besitzen. Dann werden die Erfolge nicht auf sich warten lassen.

LIEBESMAGIE UND RITUALE

Um Liebesmagie zu betreiben, müssen Sie **mit Ihrem ganzen Herzen dabei sein** und an den Erfolg der Rituale glauben. Verbringen Sie dazu jeden Tag einige Zeit mit sich selbst. Denn innere Zufriedenheit ist nur möglich, wenn man sich komplett befreit, wenn man den eigenen Kopf komplett leer fegt und sich selbst lieben lernt. Versuchen Sie auch, alle unwesentlichen Sachen aus Ihrem Leben herauszuhalten.

Bereiten Sie zudem alle Rituale in Ruhe vor, und versuchen Sie, einen ruhigen Platz zu finden, wo Sie ungestört sind. Es ist gut, wenn Sie einen Altar in Ihrer Wohnung haben. Wenn Sie noch keinen besitzen sollten, nehmen Sie einfach eine weiße, rote oder blaue Kerze. Stellen Sie diese Kerze auf einen Tisch, und zünden Sie sie an. Sehen Sie die Kerze an, und versuchen Sie abzuschalten. Wenn Sie mit Ihrem ganzen Herzen dabei sind und Ihre Hoffnung noch nicht verloren haben, werden Sie bestimmt Erfolg haben. Verlieren Sie überhaupt nie die Hoffnung, denn Hoffnungslosigkeit ist ein Grund für Misserfolg.

Jeder Mensch will geliebt werden, nur kann man dazu auch selbst etwas tun, statt nur zu warten, bis die Liebe kommt. Es geht dabei nicht nur um Magie, sondern eher um die Bereitschaft, Liebe in die Welt zu setzen, etwas einzuzahlen auf das "Liebeskonto"; genauso wichtig ist es aber auch, sich selbst zu lieben – denn mit Liebe in sich zieht man nach dem Resonanzgesetz auch wieder Liebe an.

Beachten sollten Sie aber auch, dass jeder anderes tickt. **Erwarten Sie also nie die gleichen Gefühle von Ihrem Partner, die von Ihnen kommen. Er wird Sie nie genau so lieben, wie Sie ihn, denn jeder Mensch ist individuell. Nehmen Sie seine Gefühle so an, wie sie sind.**

Beispiel:

Eine Frau hat niemanden im Herzen und will unbedingt ihre große Liebe kennen lernen und das neue Glück erleben. Sie geht zu einem Magier oder zu jemandem, der Voodoo ausübt oder mit Gebeten arbeitet und beauftragt ihn, ihr diese Liebe zu bringen. Und was passiert? Es bringt ihr eben keine Liebe ein, sondern es ist nur kurzfristig etwas da, das sie als Liebe empfindet, und dann ist es wieder weg. Die Liebe selbst kann man nicht magisch herbeizaubern, wenn der Mensch an sich noch nicht bereit ist dafür oder in sich keine Liebe, keinen Resonanzboden dafür hat.

Es gibt aber Gebete oder auch verschiedene Rituale, die die Energie der Menschen reinigen, und dies zieht dann ebenso reine Energien von anderen Menschen in der Umgebung an.

Liebe zu erzwingen, ist unmöglich, und sie mit Gewalt zu sich zu bringen, ist unmoralisch. Energetisch nachzuhelfen in Form eines Magierituals aus weißer Magie, das ist jedoch sehr zu empfehlen.

Welche Beziehung ist eigentlich die beste? Die bessere Liebe ist die, in der nicht das Verlangen nach dem anderen die Hauptrolle spielt, sondern eine wirklich bedingungslose Liebe. Denken Sie bitte immer an diese Worte.

Wenn Sie einige Rituale aus diesem Buch verwenden, sollten Sie nie vergessen, dass die Liebe die größte Kraft der Welt darstellt. Sie können diese Kraft unterstützen, und Sie können diese Kraft auch stärken. Aber Sie können diese Kraft nie negativ beeinflussen. Also denken Sie daran, wenn Sie schlechte Absichten haben und die nachstehenden Rituale verwenden, um jemandem zu schaden, werden Sie dafür bestimmt nicht belohnt – im Gegenteil!

Und jetzt, liebe Leser, werde ich Ihnen einige Liebesrituale vorstellen, von denen ich hoffe, dass Sie Ihnen helfen können. Wenn Sie in einer Situation stecken, die Sie vielleicht kränkt, oder Sie kommen einfach nicht weiter, dann versuchen Sie, mit Ritualen voranzukommen. Beginnen Sie Ihre Veränderungen immer mit offenen Armen und einem reinen Gewissen.

Die vorgestellten Rituale bringen Veränderung in Ihr Leben, bewahren Sie dabei aber weiterhin Ihre ethisch-moralischen Maßstäbe. Denken Sie daran, dass all die im Buch vorgestellten Liebesrituale eine sehr starke Wirkung haben. Deshalb sollten Sie einmal niemandem erzählen, dass Sie mit Ritualen

arbeiten. Vergessen Sie nie, dass Schweigen manchmal die beste Antwort ist. Ob Ärger, Eifersucht,
Machtstreben, Selbstmacht oder auch irgendwelche
anderen negativen Gefühle, all dies sollte Ihr gutes
Vorhaben nicht beeinflussen. Dann sollten Liebesrituale ausschließlich dem Guten dienen, hören Sie
daher immer wieder in sich selbst hinein, aus wel-
chen Gründen Sie ein Liebesritual anwenden wollen.
Geschieht es aus rein egoistischen Gründen, die den
freien Willen eines anderes Menschen beeinträchtigen
können, dann lassen Sie bitte davon ab, denn das
wäre schon schwarze Magie.

An dieser Stelle möchte ich auch erwähnen, dass
Männer manchmal einfach ein bisschen mehr Zeit
brauchen, um sich zu öffnen. Männer sind in mei-
nen Augen vergleichbar mit einer Rose (nicht alle
Rosen haben Dornen ...), die sich langsam entfaltet.
Frauen dagegen ähneln eher Tulpen, die von einem
Tag auf den anderen voll aufbühen. Geben Sie
Ihrem Mann daher ruhig ein bisschen Zeit ... Oder
Sie versuchen eben, energetisch etwas nachzuhelfen,
z. B. in Form eines kleinen Liebeszaubers oder ein-
fach mit einem Gebet.

Die Liebe stellt die größte Energie im Universum dar, sie ist immer da und verschwindet nie, selbst wenn Sie manchmal sicher schon das Gefühl hatten ... Manchmal ist die Liebe aber einfach bloß eingeschlafen und muss nur wieder aufgeweckt werden!

Da ich nicht an Zufälle glaube, bin ich davon überzeugt, dass Sie dieses Buch nicht umsonst in Ihrer Hand halten. Dieses Buch hat Sie gefunden, um Ihr Leben zu erleichtern oder um die große Liebe Ihres Lebens zurückzuholen, kennen zu lernen oder festzuhalten. Also, nur Mut!

Widmen Sie sich jetzt der Liebesmagie und der Liebe.

Viel Spaß beim Lesen!

*"Mut ist das Wagnis,
mehr zu können, als man kann."*

Heinrich Wiesner

130 LIEBESZAUBER-RITUALE
FÜR DEN ALLTAG

Liebe ist etwas, das gepflegt werden muss, sonst geht das Gefühl der Magie verloren. Die Pflege der Liebe liegt dabei bei beiden Partnern, beide müssen daran arbeiten, um die Liebe zu erhalten. In der Regel sind Frauen sehr sensible Wesen, die Gefühle zulassen, während Männer ihre Gefühle eher abblocken; es gibt natürlich auch Ausnahmen, doch viele Beziehungen scheitern an dieser Tatsache und daran, dass wenig über eventuelle Probleme gesprochen wird. Damit ihre Beziehung aber harmonisch verläuft, sollten Sie sich immer wieder die Frage stellen: "Tun wir genug für unsere Beziehung?"

Die Verliebtheitsphase dauert etwa 300 Tage an, danach kann das Liebesgefühl langsam verloren gehen – und der Liebe weichen ...

Man könnte sich folgendes Schema für einen gängigen und leider allzu häufig gewordenen Liebesverlauf vorstellen:

Verliebtsein ca. 300 Tage lang
➤ Liebe ca. 2 bis 3 Jahre lang
➤ Freundschaftsliebe ca. 5 Jahre lang
➤ Gewohnheit ca. die nächsten 10 Jahre lang
➤ die Beziehung als nervige Angelegenheit
   ca. 7 Jahre lang
➤ Hass als letzte Station

Wenn man jedoch die Liebe pflegt, vereinfacht sich das Schema rapide:
Verliebtsein ca. 300 Tage lang
➤ Liebe ca. 15 Jahre lang
➤ Freundschaftsliebe unendliche Jahre lang ...

*"Kein Problem wird gelöst, wenn wir
träge darauf warten, dass Gott allein
sich darum kümmert."*

Martin Luther King

RITUAL 1

DER ZETTELZAUBER

Sie brauchen:
- Zettel
- Blumentopf und Blumenerde
- Pflanze
- etwas Wasser zum Gießen

Wenn Sie eine bestimmte Person lieben, diese Person Sie aber noch nicht bemerkt hat, können Sie das folgende Ritual anwenden.

Nehmen Sie einen Zettel, und schreiben Sie folgenden Satz darauf: "Ich komme mit (Name der gewünschten Person) in kürzester Zeit mit Gottes Segen zusammen." Falten Sie diesen Zettel drei Mal, nehmen Sie dann einen Blumentopf, der mit Blumenerde gefüllt ist, legen Sie den Zettel in die Erde und pflanzen Sie eine Pflanze darüber. Sie sollten sich dabei am besten für eine blühende Pflanze entscheiden. Gießen Sie die Pflanze liebevoll. Sobald die Pflanze blüht, wird Ihr Liebster/Ihre Liebste energetisch von Ihnen angezogen.

RITUAL  2

ROSENRITUAL

Sie brauchen:
- blauer Zettel
- Rose
- Vase

Wenn Sie bis jetzt immer nur Pech in der Liebe hatten, ist dieses Ritual das Richtige für Sie.

Nehmen Sie einen blauen Zettel, und schreiben Sie darauf den Namen Ihres Liebsten/Ihrer Liebsten und Ihren eigenen Namen. Binden Sie diesen Zettel an eine Rose, und stellen Sie sie ins Wasser. Wenn die Rose langsam verblüht bzw. wenn die Blätter der Rose abfallen, sammeln Sie diese auf und legen sie mit dem Zettel in eine kleine Vase. Verbrennen Sie nach fünf Tagen die Blätter zusammen mit dem Zettel, und werfen Sie die Asche in die Luft. So wird die kommende Beziehung endlich funktionieren können.

RITUAL 3

KERZENZAUBER

Sie brauchen:

- zwei weiße Kerzen

Es gibt tausende von Ritualen mit Kerzen, doch dieses hier ist für alle geeignet, die bis jetzt in der Liebe nie ins Schwarze getroffen haben. Nehmen Sie zwei weiße Kerzen, auf die Sie den Namen Ihres Partners/Ihrer Partnerin und Ihren eigenen schreiben.

Lassen Sie die Kerzen komplett abbrennen. Sobald die Flamme die aufgeschriebenen Namen erreicht hat, fängt die Energie zu fließen an.

Bitte bedenken Sie aber, dass dieses Ritual etwas Zeit braucht.

(Sichern Sie die Kerzen bitte so, dass es zu keinem Brand in der Wohnung kommen kann!)

RITUAL 4

BRIEFZAUBER FÜR DEN EX-PARTNER

Sie brauchen:
- Briefpapier
- roten Stift

Wenn Sie sich immer noch nicht damit abgefunden haben, dass Ihr Expartner/Ihre Expartnerin Sie verlassen hat, probieren Sie folgenden Zauber. Denken Sie jedoch davor darüber nach, ob dieser Mensch überhaupt passend für Sie und in der Lage ist, Sie glücklich zu machen ...

Schreiben Sie einen Brief an Ihren Expartner, in den Sie alles hineinschreiben, was Sie sich wünschen, legen Sie Ihr ganzes Innenleben offen und offenbaren Sie all Ihre Wünsche in diesem Brief. Verbrennen Sie ihn dann in einer sicheren Schale.

Schreiben Sie nun einen zweiten Brief an ihn/sie, und legen Sie diesen unter Ihr Kopfkissen. Lassen Sie diesen Brief dort drei Tage lang liegen. Danach nehmen Sie den Brief und falten ihn zusammen. Schreiben Sie mit einem roten Stift *"Ich liebe dich von Herzen, du sollst mich auch von Herzen lieben"* dazu.

Es kann passieren, dass sich der gewünschte Partner bzw. die Partnerin schon innerhalb kürzester Zeit bei Ihnen meldet.

RITUAL

BEZIEHUNGSMUSTER BRECHEN

Sie brauchen:
- Blumen
- Foto

Viele Beziehungen haben schwierige Beziehungs-muster, doch diese Muster kann man brechen. Sollte es allerdings nicht möglich sein, das Muster des Part-ners oder der Partnerin zu verändern, wenn er/sie z. B. immer wieder in Depressionen verfällt, tun Sie Folgendes: Pflücken Sie Blumen, das können Ver-gissmeinnicht sein oder Rosen, trocknen Sie diese und legen Sie sie in eine Schublade zusammen mit dem Foto des Partners/der Partnerin. Dies ermög-licht die energetische Veränderung der negativen Muster des Partners bzw. der Partnerin. Sie werden innerhalb kurzer Zeit bemerken, dass er/sie anders reagiert und offen ist für Neues.

RITUAL 6

LIEBE WECKEN DURCH ROSENZAUBER

Sie brauchen:
- blaue oder schwarze Rosen
- Zettel
- blauer Kugelschreiber

55

Liebe ist eine fließende Materie, und wenn man sie zu wenig pflegt, kann sie einschlafen. Um die Liebe Ihres Partners/Ihrer Partnerin wieder zu erwecken, besorgen Sie sich blaue oder schwarze Rosen, denn sie sind Venus-Blumen und symbolisieren die Liebe. Nehmen Sie anschließend einen Zettel, und schreiben Sie mit einem blauen Kugelschreiber den Namen Ihres Liebsten/Ihrer Liebsten darauf. Lassen Sie die Blumen stehen, bis er/sie sich gemeldet hat.

Die so genannte Rosenmagie ist in aller Welt sehr bekannt und existiert bereits seit dem Altertum. Deshalb denke ich, dass diese Rituale auch wirken. Probieren Sie es aus.

RITUAL 7

ROSAROTER BLUMEN-ZAUBER

Sie brauchen:
- neun Rosen/andere Blumen
- Glas Wasser

Dieser Zauber ist für alle Liebenden gedacht. Wenn Sie keine Rosen finden, können Sie selbstverständlich auch andere Blumen für Ihr Liebesritual nutzen. Suchen Sie sich aber bitte helle, rosarote Blumen aus, pflücken Sie drei oder neun davon und stellen Sie diese in Ihrem Wohnzimmer in eine Vase. Stellen Sie dazu noch ein Glas Wasser, und sprechen Sie das folgende Gebet:

"Liebe Blumen, gewährt mir die Liebe meines Freundes/meiner Freundin (an dieser Stelle sagen Sie den Namen der Person) *und bringt ihn/sie zu mir nach Hause."*

Sagen Sie zum Schluss dreimal *"So sei es"*, und trinken Sie das Glas Wasser. Der Erfolg lässt meistens nicht lange auf sich warten.

RITUAL 8

ZAUBERKRAFT FÜR DIE SELBSTLIEBE

Sie brauchen:
- Stück Brot
- Salz

Denken Sie immer daran, dass es sehr wichtig ist, sich selbst zu lieben. Denn wenn man sich selbst nicht liebt, kann man auch nicht geliebt werden. Lernen Sie deshalb, sich selbst zu lieben ...

Für die folgende Magiearbeit brauchen Sie ein Stück Brot und etwas Salz, denn beide sind sehr starke Energieträger. Streuen Sie das Salz auf das Brot, reiben Sie es ein und stellen Sie das Brot für drei Tage und Nächte in einen Schrank. Nach drei Tagen können Sie das Brot aufschneiden. Essen Sie ein Stück davon, so werden Sie sich wieder mögen. Verteilen Sie den Rest des Brotes auf mehrere Teile, sodass Sie immer wieder ein Stückchen essen können. Geben Sie ein Stück von diesem Brot auch dem/derjenigen zu essen, den/die Sie lieben. So wird seine/ihre Liebe zu Ihnen entflammen.

RITUAL 9

LIEBE NÄHREN

Sie brauchen:
- Zettel
- Kuvert
- Kerze

Die Liebe gefunden zu haben, ist noch keine Garantie auf das Glück. Ich denke dabei immer an ein Sprichwort aus Finnland, das "Wer heiratet, kann sich die Sorgen teilen, die er vorher nie hatte" lautet. Gefühle sind veränderbar. Die Liebe ist ein Fluss, und diesen Fluss müssen wir laufen lassen, ohne daran zu denken, wo man morgen ankommt. Trotzdem wäre uns ein sicherer Hafen natürlich recht ... Ich erkläre Ihnen an dieser Stelle daher ein Liebesritual, das Ihre Liebe nährt.

Nehmen Sie ein Blatt Papier, und schreiben Sie Ihren Namen sowie den Namen Ihres Partners/ Ihrer Partnerin darauf. Schreiben Sie auf diesen Zettel oben Ihre Wünsche und unten *"So sei es."* Nehmen Sie dann ein Kuvert, und stecken Sie den Zettel hinein. Lassen Sie eine Kerze dabei brennen.

Mit dem Rauch dieser Kerze sollen Sie Ihren Brief beräuchern.

Diese Arbeit ist die Arbeit mit dem Element Feuer. Das Feuer der Kerze bringt Ihre Wünsche weiter, und so werden sie erhört. Anschließend wird dieser Brief vergraben oder verbrannt.

RITUAL  10

FOTO-ZAUBER

Sie brauchen:
- Foto oder Zettel mit dem Namen
- Kristallglas

Sind Sie unglücklich verliebt, oder lieben Sie jemanden und der andere merkt nicht einmal, dass es Sie gibt? Auch dagegen gibt es einen Zauber ...

Nehmen Sie das Foto der gewünschten Person oder einen Zettel mit seinem/ihrem Vornamen, und schreiben Sie auf den hinteren Teil des Fotos folgenden Satz: *"So wie die Sonne scheint, so wie der Mond im nächtlichen Himmel sich zeigt, so sollst du mich ehren und lieben. Ich bin für dich geschaffen, du bist für mich geschaffen."* Legen Sie anschließend das Foto in ein Kristallglas, und lassen Sie es dort liegen, bis diese Person Ihnen ihre Gefühle zeigt.

RITUAL 11

MESSERRITUAL

Sie brauchen:
- Glas Wasser
- Messer
- Kerze

Um die Liebe zu Ihrem Partner zu stärken, habe ich hier noch ein einfaches Ritual für Sie: Nehmen Sie ein Glas Wasser, und tauchen Sie, während Sie an Ihren Partner oder den geliebten Menschen denken, ein Messer in das Glas. Im gleichen Moment sollten Sie nun in eine Kerze schauen, dabei sagen Sie laut:

"... (Namen des Partners oder der Partnerin nennen) *soll mich lieben, ehren und bei mir bleiben, so lange, wie es für uns beide gut ist.*"

Löschen Sie danach die Kerze, und lassen Sie Ihren Wunsch los.

RITUAL 12

UNTERWÄSCHEZAUBER

Sie brauchen:
- Unterwäsche
- Stift

Einige Magier verwenden Liebesrituale, in denen auch Unterwäsche vorkommt. So kann man eine Unterhose, einen BH oder ein Unterhemd des Partners/der Partnerin nehmen und mit folgendem Satz beschriften: *"So wie die Sonne am Horizont aufgeht, so wirst du zu mir kommen, mich lieben, mich ehren, mich nie verlassen und immer bei mir bleiben."* Das Unterwäschestück wird anschließend entweder vergraben, verbrannt oder in einen Fluss geworfen.

Einige geben das Stück wieder dem Partner/der Partnerin zum Tragen.

Im Altertum wurden auch Haare, Nägel, Blut und Speichel der Person verwendet. Von solchen Vorgängen möchte ich aber lieber abraten.

RITUAL  13

BAUM-LIEBESRITUAL FÜR MEHR LIEBE

Sie brauchen:
- Baum
- rotes Band

Das Stichwort "Natur" findet man fast in jedem Zauberbuch, denn Pflanzen wurden immer schon als Magiefetisch verwendet. Auch Sie können Pflanzen und Bäume für Liebesrituale verwenden.

Gehen Sie in einen Wald, und suchen Sie sich einen schönen Baum aus. Begrüßen Sie den Baum, legen Sie Ihre Hand auf seine Rinde und sagen Sie:

"Gib mir deine Stärke, und gib diese Stärke auch meiner/meinem Partnerin/Partner (an dieser Stelle können Sie den Namen der gewünschten Person nennen, auch wenn Sie mit dieser Person nicht zusammen sind). *"*

Binden Sie nun ein rotes Band an einen der Äste. Bleiben Sie dann noch einen Moment an diesem Baum stehen. Danach gehen Sie gelassen nach Hause.

Vergessen Sie aber nicht, von diesem Baum ein paar Blätter mit nach Hause zu nehmen und sich bei dem Baum zu bedanken.

RITUAL 14

HERZENSWÜNSCHE

Sie brauchen:
- Holzstück

Besorgen Sie sich ein Holzstück, dabei spielt es keine Rolle, um welche Holzart es sich handelt. Ritzen Sie auf dieses Holzstück Ihren Namen und den Ihres/Ihrer Partners/Partnerin, und denken Sie an Ihre Wünsche. Anschließend wird das Holzstück an einem sicheren Platz verbrannt und das Feuer wieder gelöscht.

Dies ist ein sehr altes Ritual aus Sibirien. Dort verwendet man für solche Rituale gewöhnlich Zedernstücke oder Birkenrinde. Aber auch im Orient führt man dieselben magischen Vorgänge durch, wofür man Pappelholz verwendet.

RITUAL 15

DAS LIEBESSTEINRITUAL

Sie brauchen:
- zwei Edelsteine
- roten Faden
- scharfen Gegenstand

"Die Liebe ist das einzige Gut, das sich vermehrt, wenn man es verschwendet", sagt ein orientalisches Sprichwort. Also wenn Sie fühlen, dass die Liebe

Ihres Partners/Ihrer Partnerin vergeht, tun Sie Folgendes: Suchen Sie sich zwei Edelsteine aus; das können auch nicht so teure Halbedelsteine sein oder gar Kieselsteine. Ritzen Sie mit einem scharfen Gegenstand vorsichtig die Namen von sich und Ihrem Partner/Ihrer Partnerin auf jedem Stein ein. Legen Sie dann beide Steine zusammen, und verbinden Sie sie mit einem roten Faden. Lagern Sie diese beiden Steine in einem Schrank, und lassen Sie sie dort 90 Tage lang ruhen. Anschließend legen Sie die Steine in der Natur aus oder auch in Ihrem Garten bzw. auf Ihrem Balkon, bis der Partner/die Partnerin zu Ihnen findet.

RITUAL 16

MIT WEIHRAUCH ZU
MEHR HARMONIE FINDEN

Sie brauchen:
- Weihrauch
- Foto

Sie suchen einen geheimnisvollen Zauber wie aus 1001 Nacht? Hier ist er! Seit tausenden von Jahren werden Weihrauch sowie verschiedene weitere Räuchermischungen und Harze für Liebesmagie verwendet. Besonders bei so genannten "Harmonieritualen" ist der Weihrauch sehr hilfreich. Also, wenn Sie sich mehr Harmonie in Ihrer Beziehung wünschen, sollten Sie diesen Zauber ausprobieren. Denn wie schon Heraklit sagte: "Mehr als sichtbare gilt unsichtbare Harmonie."

Für den Liebeszauber brauchen Sie das Foto von Ihrem Liebsten/Ihrer Liebsten. Nehmen Sie ein Gefäß, und füllen Sie etwas Weihrauch hinein, zünden Sie den Weihrauch an und räuchern Sie damit um das Foto. Denken Sie dabei intensiv an Ihren Partner/Ihre Partnerin, und wünschen Sie sich, dass Sie schnell näher zueinanderfinden und in Harmonie leben werden. Stellen Sie sich Ihre harmonische Beziehung vor Ihrem inneren Auge vor ...

RITUAL 17

DAS VERKNOTEN

Sie brauchen:
- Garn
- Feuerstelle

Die Liebe ist wie eine Blume, wenn sie nicht gepflegt und gegossen wird, dann verkümmert sie. Man muss die Liebe also pflegen, sie aber auch regelrecht spüren, riechen und fühlen, um sie am Leben zu erhalten. Ihr Partner muss von Ihnen das Gefühl "Liebe" übermittelt bekommen ... Damit Sie Ihre Liebe pflegen können, hier der nächste Tipp von mir: das Verknoten.

Das Verknoten ist ein Ritual für das Loslassen. Man kann alles, was man nicht mehr braucht, verknoten. Das heißt, wenn Sie z. B. die Untreue Ihres Partner nicht mehr dulden wollen, können Sie diese Eigenschaft oder Charakterschwäche von ihm verknoten. Sie können natürlich auch eine Person verknoten, die Sie stört oder den Partner/die Partnerin selbst, wenn Sie ihn oder sie loslassen wollen.

Dazu brauchen Sie einen roten Faden bzw. ein Garn. Sie legen das Ende des Fadens auf den Boden und stellen sich mit dem linken Fuß darauf. Ziehen Sie den Faden bis zu Ihrem rechten Ohr, und halten Sie ihn weiter mit der Hand. Anschließend schneiden Sie den Faden ab, falten ihn zusammen und verknoten ihn dreimal. Bei jedem Verknoten sagen Sie laut beispielsweise:

"Ich verknote in diesem Knoten die Kälte meines Partners, seine Sturheit und sein Desinteresse."

Wiederholen Sie dies drei Mal. Anschließend vergraben Sie diesen Faden irgendwo in der Natur, oder verbrennen Sie ihn in einem Aschenbecher.

RITUAL 18

HONIG FÜR DIE LIEBE

Sie brauchen:
- Honig
- Foto (bzw. eine Kopie davon)

- Räucherstäbchen
- Glas Wasser

Die liebe Liebe ... Was tut man nicht alles, um geliebt zu werden!

An dieser Stelle möchte ich zu einem Ritual kommen, das etwas schwieriger ist. Nehmen Sie dazu das Foto Ihres Liebsten/Ihrer Liebsten (bzw. die Kopie davon, falls Sie kein Original mit Honig beschmutzen möchten), und stellen Sie es irgendwo auf. Räuchern Sie es mit dem Räucherstäbchen ein, wobei man am besten im Kreuz von links nach rechts und von oben nach unten räuchert. Während geräuchert wird, sollte man intensiv daran denken, was man sich wünscht. Das heißt, man stellt sich fest vor, dass der Partner/die Partnerin sich meldet oder zurückkommt. Lassen Sie danach das Foto stehen, und stellen Sie einen Löffel Honig davor, der als Opfergabe gedacht ist.

Das Ganze lassen Sie drei Tage und drei Nächte lang unberührt wirken. Anschließend wird alles weggeräumt. Die Erfolge lassen meistens nicht lange auf sich warten, denn da es um energetische Zusammenhänge geht, wirkt das Ritual tatsächlich ziemlich schnell.

Eigentlich ist es unwesentlich, wann man das Ritual durchführt, aber am besten wirkt es entweder vor Sonnenauf- oder Sonnenuntergang. Ich selbst bevorzuge meistens die Abendstunden.

RITUAL  19

VAKUUMZAUBER

Sie brauchen:
- Foto
- Plastikflasche
- Wasser

Bei diesem Ritual geht es um die Steigerung der Anziehungskraft. Man nimmt dazu ein Foto von beiden Partnern. Schieben Sie die Fotos in eine Plastikflasche, die vorher bis zur Hälfte mit Wasser gefüllt wurde, und lassen Sie diese Flasche irgendwo an einem dunklen Platz stehen. Ungefähr nach acht Wochen fängt das Ganze an zu funktionieren, indem die Partner langsam einander suchen. Man bemerkt, dass die Flasche sich mit der Zeit etwas zusammenzieht, d. h. es bildet sich ein Vakuum in der Flasche. Kurz danach nähern sich meist auch die Partner einander an.

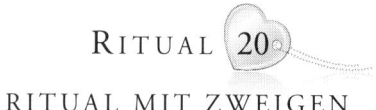

RITUAL 20

RITUAL MIT ZWEIGEN

Sie brauchen:
- Birken- und Eichenzweige
- Wasser

Wenn Sie jemanden sehr stark lieben, derjenige aber abblockt, dann tun Sie Folgendes: Sammeln Sie im Wald mehrere Birken- und Eichenzweige. Kochen Sie diese Zweige mit den Blättern zusammen ab, füllen Sie das Wasser in eine kleine Flasche und lassen Sie es abkühlen. Bespritzen Sie sich mit diesem Wasser, wobei es reicht, das eigene Kleid bzw. die Hose zu bespritzen. Versuchen Sie, auch das Gleiche mit dem/der gewünschten Partner/Partnerin zu machen. Bespritzen Sie beispielsweise unauffällig die Hose bzw. das Kleid dieser Person.

Wenn man schon mit seinem Partner zusammen ist, könnte man dieses Wasser auch benutzen, um Streit zu umgehen oder wieder mal Ruhe ins Haus zu bringen. Sollte es also einmal vorkommen, dass großer Streit herrscht, so bespritzen Sie mit dem Wasser einfach die Hose bzw. das Kleid Ihres Partners/ Ihrer Partnerin. Er oder sie wird vielleicht nicht begeistert davon sein, aber Liebe verlangt eben manchmal Opfer ...

RITUAL  21

MENTALEN KONTAKT
HERSTELLEN

Sie brauchen:
- Ruhe

Dieser Tipp ist für all diejenigen gedacht, die einen mentalen Kontakt zu der Person, die Sie lieben, aufbauen möchten. Dadurch kann man dieser Person viele Dinge sagen, die man von Angesicht zu Angesicht nicht über die Lippen bringt. Dieser Vorgang löst daneben viele Blockaden und lässt die Liebesgefühle freier fließen.

Setzen Sie sich bequem hin, falten Sie Ihre Hände und schließen Sie Ihre Augen. Konzentrieren Sie sich nun verstärkt auf Ihr drittes Auge bzw. Ihre Stirn, und versuchen Sie, sich vorzustellen, dass Sie zu Ihrem Herzchakra in Ihrer Herzgegend einen Faden ziehen. Stellen Sie sich anschließend vor, dass in Ihrem Herzchakra Ihr Liebster/Ihre Liebste steht. Und nun stellen Sie sich vor, dass Ihr Liebster/Ihre Liebste aus Ihrem Herzchakra bzw. aus Ihrem Herzen langsam herausgeht. Wenn er/sie Ihnen gegenübersteht, merken Sie, dass ein Seil von Ihrem zu seinem/ihrem Herzchakra reicht. Dieses Seil ist die Liebe. Versuchen Sie, durch dieses Seil Ihre ganzen Gefühle zu transportieren. Man spürt dabei sogar, dass viel Liebe zu uns zurückkommt. Versuchen Sie diesen Tipp – Sie werden viel, viel Liebe erfahren.

Sie können das Gewünschte auch über das dritte Auge vermitteln. Gehen Sie dazu in Ihren Gedanken über das dritte Auge des Partners in sein Unterbewusstsein, und vermitteln Sie ihm so Ihre Gedanken.

RITUAL 22

BLUMEN- UND KRÄUTER-ZAUBER

Sie brauchen:
- sieben verschiedene Blumen
- Zettel
- Alufolie

Die beliebtesten Utensilien in der Liebesmagie sind Pflanzen, Blumen und Kräuter, was auch nicht weiter verwunderlich ist, denn die Natur ist die größte Energiequelle, die uns bei unseren Handlungen immer unterstützt. Und wenn Sie sich mit Magie beschäftigen, sollten Sie sich immer wieder sagen:

"Ich liebe und respektiere die Natur."

Dieser Zauber mit Blumen und Kräutern ist angesagt, wenn es Ihnen schlecht geht, wenn Sie die Nase vom Alleinsein voll haben, und wenn Sie glauben, dass Sie keinen Tag mehr ohne die Liebe eines anderen Menschen auskommen können.

Kaufen oder sammeln Sie sieben verschiedene Blumen, dies können Rosen, Veilchen, Gladiolen, Tulpen oder auch andere Blumen sein. Wenn Sie die Blumen selbst pflücken, hat der Liebeszauber allerdings etwas mehr Kraft. Vergessen Sie dabei aber bitte nicht, sich bei den Blumen zu bedanken, wenn Sie sie gepflückt haben.

Wenn Sie diesen Zauber durchführen, sollten Sie sich zurückziehen und alleine im Raum sein. Stellen Sie die Blumen in eine große Vase, nehmen Sie dann einen Zettel und schreiben Sie den Namen des gewünschten Partners darauf. Dann nehmen Sie etwas Alufolie, legen diesen Zettel in die Folie hinein und falten die Folie anschließend zusammen. Stellen Sie die Vase auf dieses "Paket", und lassen Sie die Blumen solange stehen, bis sie verwelkt sind.

RITUAL 23

ENERGIE DER GEDANKEN

Sie brauchen:
- positives Denken

An dieser Stelle möchte ich auch einmal die Kraft des positiven Denkens ansprechen, denn wenn Sie davon überzeugt sind, dass der Partner z. B. wieder einmal auf Sie zugeht, wird er das bestimmt auch tun. Investieren Sie bitte keine Energie in Ihren Kummer, sondern versuchen Sie, auch in den schwierigen Zeiten der Trennung von Ihrem Liebsten den Boden unter den Füßen zu behalten. Denken Sie positiv, und versuchen Sie, schlimme, negative Gedanken loszulassen. Denn nach energetischen Gesetzen gilt, dass alles, was Sie aussenden, unweigerlich wieder zu Ihnen zurückkommen wird! Und wollen Sie allen Ernstes die ganze Negativität, die Sie ausstrahlen, wenn Sie trauern, wieder zurückerhalten? Denken Sie lieber an etwas Schönes. Außerdem: Eine Trennung muss nicht endgültig sein. Trauern Sie daher nicht zu voreilig, und jammern Sie nicht über etwas, das vielleicht wieder umkehrbar ist ...

Stellen Sie sich am besten auch in der schweren Zeit der Trennung vor, dass der Mensch, den Sie lieben, bereits wieder mit Ihnen zusammen ist. So werden Sie bemerken, dass die positive Energie der Gedanken, der Vorstellung und der Gefühle in die Welt gesetzt wird und dass diese Schwingung den

Menschen, den Sie lieben, zu Ihnen zieht. Das hat immer schon funktioniert ...

RITUAL  24

WIE ZIEHE ICH DAS OBJEKT MEINER BEGIERDE AN?

Sie brauchen:
- roten Lippenstift
- Blatt Papier
- Spiegel

Unbeantwortete, nicht erwiderte Liebe tut weh. Stecken Sie auch in einer solchen Liebesgeschichte, bei der/die Partner/Partnerin Sie ignoriert und Ihre Gefühle nicht annimmt, dann versuchen Sie Folgendes:

Nehmen Sie einen roten Lippenstift, und schreiben Sie auf ein Blatt Papier: *"So wie dieser Lippenstift rot ist, so wird mein Liebster/meine Liebste mich haben wollen, mich lieben, sich um mich bemühen."* Falten Sie das Blatt Papier zusammen, und werfen Sie es in einen Fluss. Gehen Sie dann langsam nach Hause.

Und merken Sie sich bitte, Sie sollten dabei mit niemandem sprechen, auch wenn Sie angesprochen werden, sollten Sie versuchen zu schweigen.

Wenn Sie wieder zu Hause sind, schreiben Sie auf einen kleinen oder großen Spiegel mit demselben Lippenstift folgenden Satz: *"Ich,* (Ihr Name), *werde von* (der Name der/des Liebsten) *in Ewigkeit geliebt und gemocht, wenn Gott es so will."* Lassen Sie bitte diesen Satz solange auf dem Spiegel stehen, bis Ihr Liebster/Ihre Liebste sich bei Ihnen gemeldet hat. Die Geduld ist der Schlüssel zum Erfolg und zur Freude ...

RITUAL 25

RITUAL MIT WASSERKRAFT

Sie brauchen:
- etwas warmes Wasser
- kleine Dose
- Tuch
- Kugelschreiber
- Eiche

Schon immer haben Menschen teils sehr kuriose Zusammenstellungen verwendet, um die verschiedensten Liebesrituale durchzuführen, so auch bei diesem alten Brauch aus Sibirien ...

Waschen Sie Ihre Haare, und sammeln Sie das Wasser. Wenn Sie Ihre Haare abgetrocknet haben, lassen Sie das Tuch trocknen, danach falten Sie es zusammen. Sammeln Sie das Wasser von der Haarwäsche dann in einer kleinen Dose, und lassen Sie es stehen.

Sprechen Sie am nächsten Tag auf das Wasser folgendes Gebet auf:

"Die Wege sind lang, so wie meine Haare. Sie werden durch das Wasser verkürzt. Das hilft meinem Liebsten/meiner Liebsten, zu mir zu finden. Heute, morgen, übermorgen und in Ewigkeit."

Nach zehn Tagen sollten Sie das Wasser wieder auf das Tuch geben und es in Ihrem Bad aufhängen, bis es wieder trocken ist.

Anschließend nehmen Sie einen Kugelschreiber und schreiben Ihren Namen sowie den Namen der geliebten Person auf das Tuch. Bringen Sie dieses Tuch zu einer Eiche in einem Wald, und lassen Sie es darunter liegen. Gehen Sie dann ruhig nach Hause. Ihr Liebster wird sich eventuell sogar schneller bei Ihnen melden, als Sie denken ... Die Energie des Wassers und die der Eiche werden Sie bestimmt stark unterstützen.

RITUAL 26

ENERGIE DER LIEBE

Sie brauchen:
- Kraut oder eine andere beliebige Pflanze
- Blumenerde
- drei Fäden

Jede Stunde, jede Minute und jede Sekunde unseres Lebens sind Bausteine der Zukunft, denn wir allein bauen unsere Zukunft durch unsere Gedanken und Gefühle ... Rituale und Energiearbeit sind dabei dazu gedacht, etwas zum Positiven zu wenden.

Das nächste Ritual unterstützt einen Zuwachs an Liebesenergie, wobei Sie hier etwas Geduld haben müssen, bis die Wirkung eintritt. Doch Geduld ist schließlich ein Baum, dessen Wurzel bitter, dessen Früchte aber süß sind ...

Und wenn wir schon bei Wurzeln und Früchten sind: Pflanzen Sie eine kleine Blume oder ein Kraut in Blumenerde, und geben Sie dieser Pflanze einen Namen. Geben Sie der Pflanze am besten den Namen Ihres Partners/Ihrer Partnerin bzw. den der geliebten Person. Gießen Sie die Pflanze täglich ein wenig, und pflegen Sie sie, damit sie gut wächst.

Nach ungefähr drei Monaten sollten Sie drei kleine Fäden an die Pflanze binden. Einer davon sollte rot sein, einer blau und der dritte gelb, und immer wenn Sie einen Faden an die Pflanze binden, sagen Sie den Namen Ihres Liebsten/Ihrer Liebsten. Stellen Sie sich dabei vor, dass er/sie Sie sehr stark liebt, so stark, wie Sie ihn/sie lieben. Die Energie und die Liebe, die Sie in sich tragen, werden durch das Element Wasser in die Pflanze übertragen. Die Pflanze dient dabei als Antenne und gibt Ihre Energien weiter an die gewünschte Person, und zwar 24 Stunden am Tag. Versuchen Sie diesen Liebeszauber, er wird Ihnen bestimmt Spaß bereiten.

Dieser Brauch ist über 300 Jahre alt und hat bis jetzt vielen Menschen geholfen. Ich hoffe, er wird auch Ihnen weiterhelfen und ein bisschen mehr Glück in Ihr Leben bringen, denn auch Sie haben es wirklich verdient, glücklich zu sein und geliebt zu werden. Die Magie unterstützt Sie.

RITUAL 27

RITUAL MIT SPIEGEL UND NELKE

Sie brauchen:
- Spiegel
- rote Nelke
- Vase

Auch bei dem folgenden Tipp geht es wieder um Blumen, denn gerade Blumen sind immer schon unser treuer Begleiter in Liebesangelegenheiten gewesen. Für das folgende Ritual brauchen Sie außer einer Vase nur noch zwei weitere Dinge: einen Spiegel und eine rote Nelke, wobei Sie statt der Nelke auch ein Veilchen nehmen können.

Dieses Ritual sollten Sie in völliger Ruhe und ungestört durchführen. Die Zeit, in der Sie Ihre Rituale durchführen, sollte alleine Ihnen gehören. Daneben sollten Sie sich dabei in einem Zimmer aufhalten, das lichtdurchflutet ist und in dem kein Telefon sowie kein Fernseher steht.

Stellen Sie die Nelke ins Wasser, und legen Sie den Spiegel vor die Vase. Der Spiegel sollte dabei so liegen, dass Sie sich auch selbst darin sehen können. Setzen Sie sich, und riechen Sie an der Nelke – ruhig etwas länger, so dass Sie den Duft der Blume richtig in sich aufnehmen können. Sagen Sie nun Folgendes:

"Ich spüre und sehe Liebe in mir und sende diese Frequenz an meinen Liebsten/meine Liebste (dazu sagen Sie den Namen der gewünschten Person).*"*

Nehmen Sie die Blume danach aus der Vase, und halten Sie sie vor Ihr Herzchakra (in die Nähe des Herzens). Dazu sprechen Sie folgende Worte:

"Ich rieche Liebe, ich spüre Liebe, ich sende Liebe an dich (dazu sagen Sie den Namen der gewünschten Person).*"*

Anschließend stellen Sie die Blume wieder zurück in die Vase. Halten Sie sie aber noch mit beiden Händen fest, und sagen Sie Folgendes:

"Die Liebe ist ab jetzt in meinen Händen, ich sende durch meine Hände die Liebe zu dir (hier bitte wieder den Namen der gewünschten Person nennen).*"*

Küssen Sie die Blume, und gehen Sie aus dem Raum.

Am nächsten Tag sollten Sie das Ritual wiederholen – aber mit einer kleinen Veränderung: Am Schluss des Rituals sollten Sie sich nun auch noch gezielt im Spiegel anschauen und sagen:

"Ich spiegle meine Liebe zu meinem Freund/zu meiner Freundin (an dieser Stelle wieder den Namen der gewünschten Person sagen). *So wie ich soll auch er/sie Liebe in sich aufnehmen, durch seinen/ihren Körper und durch seinen/ihren Geist, durch seine/ihre Augen und durch seine/ihre Ohren. Die Liebe fließt von allen Seiten des Universums zu*

uns. Sie kommt aus meinem Herzen, aus meiner Seele, sie erreicht das Herz und die Seele meines Partners/meiner Partnerin (dazu sagen Sie noch einmal den Namen der gewünschten Person)."

RITUAL 28

GEDULDRITUAL

Sie brauchen:
- drei Zettel
- Kugelschreiber
- Heftklammer

Dieses Ritual ist für Menschen gedacht, die generell wenig Geduld haben und die glauben, die Liebe verloren zu haben.

Nehmen Sie sich drei Zettel zur Hand. Auf den ersten schreiben Sie Ihren Namen, auf den zweiten den Namen Ihres Liebsten/Ihrer Liebsten und auf den dritten Zettel schreiben Sie den Namen der Person, die Sie persönlich stört (vielleicht die Konkurrentin). Ihren Zettel und den Zettel mit dem Namen

Ihres Liebsten/Ihrer Liebsten heften Sie mit einer Heftklammer zusammen und bewahren ihn in einem Märchenbuch auf. Den dritten Zettel mit dem Namen der Konkurrentin/des Konkurrenten aber nehmen Sie zur Hand und zeichnen in alle Ecken des Zettels Kreuze (es sollte ein einfaches Kreuz sein). Falten Sie das Zettelchen anschließend zusammen, und vergraben Sie es irgendwo in der Natur.

Sie werden sehen, dass Sie geduldiger werden und die Konkurrenz Sie in Ruhe lässt.

RITUAL 29

LIEBESSYMBOL

Sie brauchen:
- Papier
- roten Stift

Oft ist es notwendig, jemandem ein bestimmtes Symbol an die Hand zu geben, das ihn zu der passenden Person führt. Solch ein Symbol hat eine sehr starke Wirkung auf die Person, die Sie lieben. Ich empfehle Ihnen, dieses Symbol selbst herzustellen.

Nehmen Sie hierzu ein Blatt Papier, zeichnen Sie zwei Herzen darauf und malen Sie sie in roter Farbe aus. Schreiben Sie in ein Herz Ihren Namen und in das andere Herz den Namen Ihres Liebsten. Nehmen Sie nun das zweite Blatt Papier, und schreiben Sie wieder die beiden Namen darauf, aber dieses Mal untereinander, so dass Ihr Name über dem Ihres Partners steht. Legen Sie diesen zweiten Zettel auf den ersten Zettel, Schrift auf Schrift. Lassen Sie die Zettel ruhen.

Innerhalb der nächsten 40 bis 50 Tage werden Sie normalerweise von Ihrem Partner bzw. von der geliebten Person kontaktiert.

RITUAL 30

ANZIEHUNG DURCH KRISTALLE

Sie brauchen:
- Foto
- Kristall

Auch Edelsteine können beim Anziehen von Liebe dienen, weswegen ich Ihnen hier auch einmal ein schönes Ritual mit Kristallen vorstellen möchte.

Besorgen Sie sich ein Foto der Person, die Sie lieben, wobei Sie anstelle eines Fotos auch einen Zettel verwenden können, auf dem der Name der betreffenden Person steht. Legen Sie einen Kristall bzw. einen Edelstein (der Edelstein sollte eine helle Farbe haben, z. B. ein Bergkristall oder ein Rosenquarz) auf das Foto bzw. den Zettel. Lassen Sie diesen Gegenstand einige Wochen auf dem Foto bzw. auf dem Zettel liegen und wirken.

RITUAL 31

ZIGEUNERZAUBER

Sie brauchen:
- Eberesche
- Holzzweig

Zigeuner gehen ihren eigenen Lebensweg und schlagen nie den Pfad eines anderen ein. Sie versuchen immer, richtige Wege zu finden und handeln nach bestem Wissen und Gewissen. Deshalb ist die Zigeunermagie so populär geworden. Hier zeige ich Ihnen einen Zigeunerzauber für die Liebe, den Sie prinzipiell an jedem Tag durchführen können, außer am 12. und 24. jeden Monats. Sprechen Sie auch mit niemandem über dieses Ritual, ansonsten wird das Gewünschte nicht in Erfüllung gehen.

Gehen Sie in einen Wald oder auf eine Wiese, und setzen Sie sich unter eine Eberesche. Lehnen Sie sich an den Stamm, und tun Sie Folgendes: Schreiben oder besser gesagt ritzen Sie mit einem Holzzweig Ihren eigenen Vornamen auf die Erde, hinter dem Vornamen machen Sie ein Pluszeichen und schreiben dann den Namen der gewünschten Person dazu. Ziehen Sie anschließend einen Kreis um die beiden Namen. Brechen Sie dann den Zweig in drei Teile, und stecken Sie alle drei Teile in den Kreis in die Erde. Denken Sie dabei intensiv daran, dass die Eberesche Sie bei Ihrem Wunsch unterstützt und Ihnen Energie gibt. Dann stehen Sie auf und gehen nach Hause, ohne mit jemandem zu sprechen.

RITUAL 32

RITUAL FÜR MENSCHEN, DIE DIE HOFFNUNG AUF LIEBE BEREITS AUFGEGEBEN HABEN

Sie brauchen:
- Foto
- sechs Kerzen

Das folgende Ritual eignet sich für all diejenigen, die die Liebe schon längst aufgegeben und keine Hoffnung mehr haben.

Für das Ritual benötigen Sie das Foto der geliebten Person sowie sechs Kerzen, wobei die Kerzenfarbe hier einmal keine besondere Rolle spielt. Zünden Sie die Kerzen an, nehmen Sie das Foto und legen Sie es auf einen Altar bzw. auf einen Tisch. Die Kerzen werden dabei folgendermaßen aufgestellt: Stellen Sie zuerst vier Kerzen an die Ecken des Fotos, die restlichen beiden platzieren Sie oben und unten in der Mitte. Somit ergibt sich ein Dreieck in einem anderen Dreieck (die zwei aufeinander gelegten Dreiecke sind umgekehrt, ähnlich einem Davidstern).

Lassen Sie die Kerzen abbrennen. Nachdem die Kerzen abgebrannt sind, sammeln Sie die Reste der Kerzen ein, legen sie in eine kleine Tüte aus Baumwolle und werfen sie in einen Bach. Oder Sie vergraben die Reste der Kerzen.

RITUAL  33

PERSISCHER ZAUBER

Sie brauchen:

- Edelstein

Die Perser sagen: "Wer mit Bedacht handelt, erreicht, was er erstrebt." Also, handeln Sie auch beim folgenden Ritual, einem alten Zauber aus Persien, mit Bedacht ... und Sie werden Ihr Ziel erreichen. In diesem Zauber geht es um die Kraft der Gedanken und um das Element Erde.

Besorgen Sie sich einen kleinen Edelstein, z. B. einen Amethyst. Nehmen Sie ihn in die linke Hand, halten Sie den Stein fest und sagen Sie Folgendes:

"Ich (eigener Name) *beschwöre alle Kräfte der Welt, bringt mir meinen/meine Liebsten/Liebste. Verbindet uns auf immer und ewig und lasst uns feiern."*

Anschließend sollte der Amethyst an die geliebte Person verschenkt werden, oder aber Sie legen ihn in ihre Nähe. Sollte das auch nicht möglich sein, bringen Sie den Stein dorthin, wo diese Person wohnt und lassen ihn irgendwo an einem schönen Platz einfach liegen.

RITUAL  34

ZUNEIGUNG DURCH KRISTALLE

Sie brauchen:
- Kristall
- Eichenblätter

Der folgende Zauber stammt ebenfalls aus Persien, und auch hier bedient man sich der Kraft der Kristalle.

Die alten Perser nahmen Kristalle und legten sie unter das Bett des Menschen, den sie sich als Partner wünschten. Diese Kristalle wurden dann nach einer Nacht wieder hervorgeholt und in einem Stall ausgelegt. Man konnte die Kristalle danach immer wieder in die Hand nehmen, sie aufs Herz legen – und somit blieb die liebste Person stets nah am eigenen Herzen.

Andere Zauberer haben die Kristalle für weitere Zwecke benutzt: Sie legten die Kristalle an das Fußende der schlafenden Person, oder sie mischten sie mit Eichenblättern und ließen sie unter dem Bett liegen. Dies bewirkte Zuneigung von Seiten des gewünschten Partners und erweckte manchmal sogar die große Liebe ...

Eine alte Weisheit der Sufis lautet: "Für jede Sünde gibt es bestimmt Vergebung – nur nicht für eine besondere Sünde: die Vergeudung der kostbaren Zeit." Also verlieren Sie keine Zeit mehr ...

RITUAL 35

BLUMENSTRAUSS-ZAUBER

Sie brauchen:
- Blumenstrauß

Wenn eine Blume nicht gegossen wird und keine Liebe bekommt, stirbt sie. Ähnlich verhält es sich mit uns Menschen, wenn wir keine Liebe erhalten, werden wir depressiv und unglücklich. Damit das nicht passiert, sollte man in erster Linie die Liebe zu sich selbst pflegen – und auch dazu gibt es ein Ritual.

Besorgen Sie sich einen Blumenstrauß, atmen Sie tief ein und versuchen Sie, den Duft der Blumen richtig zu fühlen. Dann sagen Sie Folgendes:

"Ich atme die Liebe ein, ich bin voll Liebe zu mir."

Anschließend sollten Sie die Blumen in eine Vase stellen. Am nächsten Tag wiederholen Sie den Vorgang. Anstelle von Blumen kann man auch ätherische Öle verwenden. Am besten geeignet sind hier Lavendel- oder Anisöl, deren Duft Sie 12- bis 16-mal einatmen sollten.

RITUAL  36

LIEBE UND GLÜCK ANZIEHEN

Sie brauchen:
- zwei Zettelchen
- Stift
- Birne oder Apfel

Um den Liebsten/die Liebste anzuziehen, sollten Sie Folgendes ausprobieren: Nehmen Sie zwei kleine Papierzettel, und schreiben Sie auf beide dasselbe: die beiden Namen von Ihnen und Ihrem Liebsten. Legen Sie die beiden Zettel dann aufeinander, nehmen Sie eine Birne, schneiden Sie sie auseinander und legen Sie die beiden Zettel in die Mitte der Birne. Anschließend bringen Sie die Frucht in einen Wald oder in den Garten und lassen sie vergammeln. Sobald sie sich wieder in den Kreislauf des Lebens eingefügt hat, sollte sich der geliebte Mensch bei Ihnen melden.

RITUAL 37

LORBEER-ZAUBER

Sie brauchen:
- zwei Lorbeerblätter
- Feuer

Sehr oft lernen wir leider erst aus unseren Fehlern. Wenn auch Sie einen Fehler begangen und Ihren Liebsten oder Ihre Liebste dadurch verloren haben, ihn oder sie jedoch wieder für sich gewinnen wollen, dann sollten Sie folgendes Ritual ausprobieren.

Nehmen Sie zwei Lorbeerblätter, und schreiben Sie auf jedes Blatt Ihren und den Namen des geliebten Menschen. Legen Sie beide Blätter über Nacht unter Ihr Kopfkissen. In der Früh, nachdem Sie aufgewacht sind, verbrennen Sie beide Blätter in einem Aschenbecher; der Rauch trägt Ihre Gedanken auf die geistige Ebene – meist sehr schnell. So wird sich Ihr Liebster oder Ihre Liebste energetisch zu Ihnen hingezogen fühlen.

RITUAL 38

UND NOCH EIN KERZENRITUAL

Sie brauchen:

- zwei dünne, weiße Kerzen

Glück findet der, der danach sucht, heißt es. Doch seien Sie beruhigt: Wenn Sie zaubern, suchen Sie definitiv nach Ihrem Glück – und werden es auch finden.

Nehmen Sie zwei dünne, weiße, weiche Kerzen aus Wachs. Legen Sie die Kerzen in warmes Wasser, und lassen Sie sie etwa fünf Minuten dort liegen, damit sie noch weicher werden. Verbinden Sie bzw. verknoten Sie anschließend beide Kerzen zu einer Schraube, und sagen Sie dabei:

"So wie ich diese beiden Kerzen verbinde, so werde ich mit meinem Liebsten/meiner Liebsten zusammenkommen."

Stellen Sie die Kerzen in eine kleine Vase oder auf einen kleinen Unterteller, schreiben Sie auf beide Kerzen Ihren Namen sowie den Ihres Wunschpartners, zünden Sie die Kerzen an und lassen Sie sie komplett abbrennen. Wiederholen Sie den Vorgang drei Mal.

RITUAL 39

DAS HERZ EROBERN

Sie brauchen:
- Sauerteig
- Hühnerherz

Um jemandem zu gefallen oder das Herz des geliebten Menschen zu erobern, ist in Russland der folgende Vorgang sehr beliebt.

Man bereitet einen Sauerteig aus Milch, etwas Wasser, Mehl und Hefe, oder Sie kaufen den Teig einfach fertig. Beim Zusammenmischen der Zutaten denkt man daran, dass der Liebste oder die Liebste die Liebe zu einem selbst sehr stark empfindet. Lassen Sie den Teig aufgehen. Dann legen Sie ein Hühnerherz in den Teig hinein und backen alles. Wenn die Pastete fertig ist, wird das Hühnerherz mitgegessen. Man sollte diese Pastete mit mindestens zwei Menschen teilen.

RITUAL 40

VOLLMONDZAUBER

Sie brauchen:
- Kerze
- etwas, was dem Partner gehört
- Salz
- Zucker

Wenn die Liebe zwischen Ihnen und Ihrem Partner eingeschlafen ist, können Sie sie mit dem folgenden Ritual, das unbedingt bei Vollmond durchgeführt werden sollte, wieder erwecken.

Man nimmt eine Kerze und lässt sie brennen. Besorgen Sie sich zusätzlich einen Gegenstand, der dem geliebten Menschen gehört, wobei das alles sein kann: Socken, Unterwäsche, ein Taschentuch, ein Kugelschreiber oder irgendein anderes persönliches

Utensil. Auf diesen Gegenstand werden zwei Zutaten gelegt: etwas Salz und etwas Zucker. Vermischen Sie beides, und lassen Sie es liegen.

Nach ein paar Stunden nehmen Sie den Gegenstand, der mit Salz und Zucker bestreut wurde, in die Hand und halten ihn einige Minuten lang fest. Anschließend werden das Salz und der Zucker eingesammelt und weggeworfen. Wünschen Sie sich dabei, dass der Partner oder die Partnerin sein/ihr Herz für die Liebe öffnet, und geben Sie ihm oder ihr den Gegenstand zum Tragen. Die Kerze lassen Sie in der Zwischenzeit komplett abbrennen.

RITUAL  41

DIE EIGENE POSITIVE AUSSTRAHLUNG AUFLADEN

Sie brauchen:
- drei Kerzen

Wie Sie wissen, ist die Welt voller Überraschungen und Wunder. Also geben Sie die Hoffnung auf die Liebe nie auf! Wenn Sie jemanden kennen lernen wollen, habe ich hier noch etwas für Sie, das Ihnen helfen kann, Ihr persönliches Wunder zu beschleunigen.

Wenn Sie mit jemandem verabredet sind oder ausgehen wollen, dann nehmen Sie sich vorher bitte zehn Minuten Zeit. Nehmen Sie eine grüne, eine rote und eine rosafarbene Kerze zur Hand, stellen Sie sie nebeneinander auf einen Tisch und zünden Sie sie an. Konzentrieren Sie sich nun auf Ihre Wünsche. Sagen Sie laut drei Gründe auf, warum Sie einen Partner oder eine Partnerin brauchen.

Nachdem die Kerzen ein paar Minuten gebrannt haben, sprechen Sie ebenfalls wieder laut aus, was Sie einem möglichen Partner alles geben können und was Sie von ihm oder ihr erwarten. Löschen Sie anschließend die Kerzen, und lassen Sie sie immer am gleichen Platz stehen, bis Sie jemanden kennen gelernt haben.

RITUAL 42

ZUNEIGUNG WECKEN

Sie brauchen:
- Würfelzucker

Wollen Sie die Zuneigung einer Person erwecken, so gibt es dafür einen einfachen, alten Zauber. Dieser ist besonders angeraten, wenn Sie bis jetzt keine Erfolge bei einem besonderen Menschen hatten.

Tragen Sie ein Stück Würfelzucker einige Zeit unter ihrer Achsel (ohne Deo), in der Regel reichen etwa fünf Minuten voll aus. Beim nächsten Treffen mit der geliebten Person schmuggeln Sie den Würfelzucker in ihr Getränk. Wenn sie es ausgetrunken hat, werden Sie schnell merken, dass diese Person Interesse an Ihnen zeigen wird.

Ich möchte mich an dieser Stelle bei all denen entschuldigen, deren ästhetisches Empfinden durch diese Anwendung verletzt werden könnte. Doch dieses Ritual ist über Jahrtausende überliefert worden – und es hat es in sich ... Ich wollte es Ihnen nicht vorenthalten.

RITUAL 43.

WUNSCHZAUBER

Sie brauchen:
- zwei Walnussschalen
- Klebstoff
- Hammer

Die Definition von Glück ist schwer. Manche sind unglücklich, nur weil sie immer noch glücklicher sein wollen, und mit nichts je zufrieden sind. Glück ist jedoch Harmonie und Ausgleich ... Dann klappt es auch mit den Wünschen.

Für dieses Ritual benötigt man zwei Walnussschalen, etwas Klebstoff und einen Hammer. Gehen Sie bei Vollmond an einen Ort, wo es Ihnen zusagt. Es muss jedoch eine ruhige Ortschaft sein. Nehmen Sie die Walnussschalen in die Hände, und halten Sie sie vor Ihren Mund. Flüstern Sie Ihren Liebeswunsch in die Walnussschale, und verschließen Sie sie sofort mit dem Klebstoff. Halten Sie die verklebten Schalen dann noch ein paar Minuten in Ihren Händen, bevor Sie sie mit dem Hammer zerschlagen und den Wunsch in die Nacht entlassen.

(Achten Sie beim Zerschlagen unbedingt darauf, dass Ihre Augen geschützt sind!) Ihr Wunsch sei Ihnen gewährt ...

RITUAL 44

LIEBESWUNSCHZAUBER

Sie brauchen:
- Papier
- weiße Kerze
- Pfauenfeder

Besonders an Neumond lassen sich Wünsche gut realisieren, weswegen Sie für dieses Ritual einen solchen Tag auswählen sollten.

Schreiben Sie Ihren Wunsch so genau wie möglich auf ein Stück Papier, und zünden Sie die Kerze an; alle anderen Lichter sollte man ausschalten. Schauen Sie nun in die Flamme der Kerze, und stellen Sie sich gedanklich vor, wie Ihr Wunsch in Erfüllung geht. Folgende Worte sagt man normalerweise hierzu:

"In der heutigen Nacht, während ich schlafe, möge sich die göttliche Macht der Liebe und des Lichts erfüllen. Meine Wünsche gehen in Erfüllung. Amen."

Das Papier wird anschließend in der Kerzenflamme verbrannt. Die Kerze lässt man vollständig abbrennen, weswegen Sie sich bei diesem Ritual am besten für eine kleinere Kerze entscheiden sollten, die schneller abbrennt. Nehmen Sie zum Schluss des Rituals die Pfauenfeder in die Hand, und streicheln Sie damit Ihr Gesicht. Die Feder steht für das Element Luft und verstärkt den Zauber. Damit haben wir es bei diesem Zauber mit einer Kombination aus zwei Elementen zu tun: Feuer und Luft, die einander nach dem Motto "Je mehr Luft, desto mehr Feuer" unterstützen und verstärken.

RITUAL 45

TELEFONZAUBER

Sie brauchen:
- Zettelchen
- Glitter

Sie haben jemanden kennen gelernt, diesem Menschen Ihre Telefonnummer gegeben und nun warten Sie, bis er anruft? Um dies zu beschleunigen, versuchen Sie es doch einmal mit dem folgenden Zauber.

Schreiben Sie den Namen der Person, die anrufen soll, auf einen Zettel. Verteilen Sie etwas Glitter (Bastelbedarf) darauf, und sagen Sie dann sieben Mal den folgenden Satz:

"Liebe Venus, erhöre bitte mein (sagen Sie Ihren Namen) *Flehen! Die Person mit dem Namen* (sagen Sie hier den Namen der gewünschten Person) *soll mich anrufen, soll an mich denken. Wenn wir uns wieder sehen, will er (sie) mir Liebe schenken."*

Den Zettel sollten Sie so lange unter dem Telefon aufbewahren, bis der- oder diejenige sich gemeldet hat. Wenn diese Person Sie angerufen hat und Sie mit ihm oder ihr ausgehen, tragen Sie den Zettel noch einige Wochen lang bei sich. Anschließend können Sie ihn an einem sicheren Platz verbrennen.

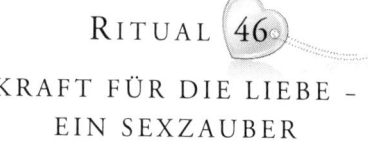

RITUAL 46

KRAFT FÜR DIE LIEBE – EIN SEXZAUBER

Sie brauchen:
- 8 Gramm Kamillenblüten
- 8 Gramm Nelken
- 30 Gramm Ingwerpulver
- 500 Gramm Zucker
- 1 Liter Rotwein
- Topf

Sie haben keine Lust mehr auf Sex? Sie fühlen den gewissen Kick nicht mehr, und es kribbelt nicht mehr unter der Bauchdecke? Besorgen Sie dann alle oben stehenden Zutaten, mischen Sie sie in einem Topf zusammen und rühren Sie alles mehrmals um.

Lassen Sie die Mischung anschließend drei Stunden stehen, und seien Sie sie dann ab. Nehmen Sie vor dem Schlafengehen ein Gläschen von dem Getränk ein. Die Wirkung stellt sich sofort ein, und es kann eine wunderschöne Nacht werden ...

RITUAL 47

VERSÖHNUNGSZAUBER

Sie brauchen:
- Rosmarinzweige
- Olivenöl

Wenn Sie sich mit Ihrem Partner gestritten haben und keiner den ersten Schritt zur Versöhnung tun will, empfiehlt sich Folgendes. Bevor Sie ins Bett gehen, streuen Sie etwas Rosmarin um die Betten. Sprechen Sie dabei dreimal den Satz:

"Wut, Streit und Zorn mögen sich legen, und Friede und Liebe mögen wieder in unser Haus und unsere Herzen einkehren."

Nun nehmen Sie ein Bad mit Rosmarin- oder Olivenöl, das reinigt Ihre Seele und entspannt Ihren Körper. Es wäre schön, wenn Sie Ihren Partner oder Ihre Partnerin dazu überreden könnten, das Bad mit Ihnen zu teilen. Legen Sie anschließend unter jedes Kopfkissen einen kleinen Rosmarinzweig. Die spannungsgeladene Luft wird hiermit gereinigt.

RITUAL  48

LIEBESZAUBER MIT DEM OVALEN SPIEGEL

Sie brauchen:
- ovalen Spiegel
- Meditationsmusik
- weiße Kerze

Auch mit einem Spiegel kann man zaubern, denn durch ihn kann man Gedanken übermitteln und Wünsche äußern. Der Spiegel hierzu sollte oval sein und einen Durchmesser von etwa 40 Zentimetern haben. Hängen Sie diesen Spiegel auf einen schwarzen

Hintergrund an eine Wand, die nach Osten zeigen sollte. Vorteilhaft ist, wenn die andere Wand in diesem Zimmer, die nach Westen zeigt, schwarz abgehängt wird.

Nun versuchen Sie, Ruhe zu finden, und meditieren Sie einige Minuten. Sie müssen eine Art Trancezustand erreichen. Lassen Sie dazu eine ruhige Meditationsmusik im Hintergrund laufen.

Das Ritual selbst wird im Stehen oder im Sitzen durchgeführt; stellen Sie sich also direkt vor den Spiegel, oder setzten Sie sich genau davor. Zur Beleuchtung des Gesichts nehmen Sie eine weiße Kerze. Konzentrieren Sie sich nun auf die gewünschte Person, zu der Sie einen Kontakt aufbauen möchten. (Die Konzentration ist ein wichtiger Teil des Zaubers!)

Die Augen werden zunächst auf das Spiegelbild gerichtet, ohne zu blinzeln. Schauen Sie in den Spiegel: Sie werden merken, wie sich Ihr Gesicht verändert und verschwimmt. Durch diesen Vorgang werden Liebesenergien Ihren Körper durchströmen, und Sie bekommen verschiedene Informationen mitgeteilt. Diese Phase sollte nie länger als 15 Minuten dauern.

Anschließend sprechen Sie das Gesicht im Spiegel an und äußern Ihre Wünsche. Sprechen Sie dabei direkt in den Spiegel hinein, so fällt es leichter, die Person sichtbar zu machen und zu erreichen.

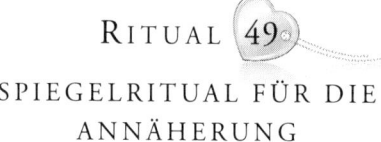

RITUAL 49

SPIEGELRITUAL FÜR DIE ANNÄHERUNG

Sie brauchen:
- Handspiegel
- fließendes Wasser
- Seidentuch

Für dieses Ritual brauchen Sie einen kleinen Handspiegel, am besten einen, den Sie schon lange im Gebrauch haben. Der Spiegel wird zuerst rituell gereinigt, wozu Sie ihn einfach mehrere Minuten lang unter kaltes, fließendes Wasser halten; anschließend trocknen Sie ihn ab. Danach bewahren Sie den Spiegel eine Nacht lang in einem warmen Seidentuch auf. Nun kann er für einen Zauber verwendet werden.

Schauen Sie in den Spiegel, konzentrieren Sie sich auf die gewünschte Person und versuchen Sie, sich in sich selbst zu versenken. Sprechen Sie bitte folgende Worte:

"Du sollst zu mir gehen, du bist lieb zu mir, du bleibst niemals fern, dich möchte ich sehr gern."

Dieser Spruch hilft, Kräfte freizusetzen, die alles zum Positiven hin verändern können.

Vergessen Sie bitte nicht: Nach jedem Ritual muss der Spiegel wieder mehrere Minuten lang unter fließendem Wasser gereinigt werden.

RITUAL 50

EINE NEUE LIEBE FINDEN

Sie brauchen:
- Stück Seidenpapier
- Schere
- weißes Papier
- Briefumschlag

- Stift
- Honig-Milch-Bad
- Nachthemd
- rote Kerze

Auch mit Seidenpapier lässt es sich wunderbar zaubern ... Mit diesem Ritual werden Sie in der Lage sein, die gewünschte Person energetisch an sich zu ziehen oder belanglose Sachen, die zwischen Ihnen stehen, zu beseitigen. Probieren Sie es aus.

Schneiden Sie am Abend eines Neumondes aus Seidenpapier ein rotes Herz aus, und legen Sie das Herz auf einen Tisch. Nehmen Sie dann ein weißes Blatt Papier, und schreiben Sie mit einem bis jetzt unbenutzten Stift Folgendes darauf: *"Wie dieses rote Herz im Licht der Kerze glüht, so ziehe ich dich, Geliebter/Geliebte* (falls Sie jemand Bestimmten meinen, dann sagen Sie an dieser Stelle den Namen der gewünschten Person)*, ganz nah zu meinem Herz."*

Nehmen Sie danach ein Bad mit etwas Honig und Milch; benutzen Sie für eine volle Wanne zwei Liter Milch und 300 Gramm Honig. Genießen Sie das Bad 20 Minuten lang, und ziehen Sie anschließend Ihr schönstes Seiden- oder Spitzennachthemd beziehungsweise Ihren besten Pyjama an. Zünden Sie dann eine rote oder schwarze Kerze an, und lesen Sie die oben stehende Formel laut drei Mal vor. Halten Sie das Herz dabei vor die Kerzenflamme, so dass das Licht durch das Papier hindurchscheinen kann.

Legen Sie das Papierherz dann in einen weißen Briefumschlag, und versiegeln Sie diesen mit Kerzenwachs. Löschen Sie nun die Kerze. Der Umschlag wird 28 Tage lang in Ihrer Unterwäsche im Schrank versteckt. (28 Tage entsprechen übrigens einem vollen natürlichen Mond-Zyklus vom abnehmenden Mond über den Neumond bis zum Vollmond. Deshalb spielt diese Zahl auch bei magischen Ritualen eine enorme Rolle.) Beim nächsten Neumond sollte sich die neue Liebe bei Ihnen melden ...

RITUAL 51

EINGEFRORENE RIVALEN

Sie brauchen:
- Stück weißes oder schwarzes Papier
- Stift

- Eiswürfelschale
- zwei Symbole

Wenn Ihre Liebe von jemandem gestört wird, dann gehen Sie wie folgt vor: Schreiben Sie den Namen Ihrer Rivalin oder Ihres Rivalen auf ein Stück weißes oder schwarzes Papier, und frieren Sie es in einer Eiswürfelschale im Kühlfach zusammen mit zwei ausgesuchten Symbolen ein. Das eine Symbol sollte Ihre Liebe repräsentieren (z. B. ein Herz), das andere die Macht (z. B. ein Hammer), die der Rivale über Ihren Liebsten zu haben scheint. So wird diese Macht schnell nachlassen, und Sie werden konkurrenzlos und ohne Probleme Ihre Ziele erreichen.

Dieses Ritual wirkt schneller, wenn man es an einem Vollmond durchführt. Nach ein bis zwei darauf folgenden Vollmonden sollte das beschriebene Papier aus dem Kühlfach herausgenommen und weggeworfen werden.

RITUAL 52

RITUAL FÜR EIN
ROMANTISCHES LIEBESLEBEN

Sie brauchen:
- grünes Kleidungsstück
- Holzstöckchen, z. B. von einer Birke
- einige getrocknete oder frische Erbsen
- Tasse Leitungs- oder Mineralwasser
- schöne, rote Blume
- Liebesroman

Wer träumt nicht von einer romantischen Liebe? Jedoch fehlt es unserem Alltag leider sehr oft an Romantik ... Wollen Sie aber wieder mehr romantische Momente erleben, dann gehen Sie wie folgt vor. Die beste Zeit für dieses Ritual ist übrigens die Mittagszeit des ersten Sonntags im Monat.

Ziehen Sie sich an einem solchen Tag ein grünes Kleidungsstück an, und begeben Sie sich, wenn möglich, in einen Garten, einen Park oder an einen anderen ruhigen, abgeschirmten Ort. Zur Not können Sie diesen Zauber aber auch Zuhause durchführen.

Besorgen Sie sich weiter eine grüne Topfpflanze mit frischer Erde, stellen Sie sie auf einen Tisch – und zaubern Sie. Legen Sie sich alle Utensilien schon neben den Topf in Griffweite.

Versuchen Sie nun, alle negativen Gedanken auszuschalten und sich zu entspannen, zählen Sie beispielsweise von 100 auf 0 in Zweier-Schritten, also 100, 98, 96 etc., so bekommen Sie einen freien Kopf. Zeichnen Sie dann mit dem Holzstöckchen im Uhrzeigersinn einen Kreis in die frische Erde, und vergraben Sie in deren Mitte die Erbsen. Begießen Sie diese Stelle vorsichtig mit Wasser, und legen Sie die Blume auf die feuchte Erde. Anschließend spricht man folgende Worte:

> *"Kreis des Universums, rund, vollkommen und erhaben, Wasser und Erde, meinen Liebsten sollt ihr zu mir bringen. Der Kreis ist vollbracht, und der Zauber für immer gemacht! So soll es sein, und so will ich es haben. Amen."*

Nehmen Sie anschließend die Blume, und legen Sie diese für etwa 12 Tage zwischen die Seiten eines Liebesromans, bis sie ganz getrocknet ist. Danach bewahren Sie die Blume an einem sicheren Ort auf. Ab sofort ist sie Ihr Lieblingsamulett.

RITUAL 53

LIEBESZAUBER MIT SCHAFGARBE

Sie brauchen:
- Schafgarbe

Wollen Sie, dass Ihre Liebe lange anhält? Dann brauchen Sie diesen Schafgarbe-Zauber! Schafgarbe galt schon immer als Liebespflanze, dieses Kraut benutzten schon unsere Großmütter und Großväter.

Sammeln Sie Schafgarbe zu einen Sträußchen, und hängen Sie es über Ihr Bett. Lassen Sie es dort längere Zeit hängen, denn dies zieht neue Liebesenergie an.

Sollten Sie bereits einen Partner haben, so können Sie die bestehende Liebe durch Schafgarbe auch energetisch unterstützen. Hängen Sie das Sträußchen dann über das gemeinsame Bett. Man sagt, dass die

Liebe dadurch für zwei Jahre erhalten bleibt. Nach dieser Zeit sollte man den Zauber wiederholen und den Blumenstrauß erneuern.

RITUAL  54

ROSA KERZEN – EIN LIEBESZAUBER BEI VOLLMOND

Sie brauchen:
- rosafarbene Kerze
- Räucherwerk
- spitzen Gegenstand

Rituale, die den Mond, Kerzen und Weihrauch einschließen, sind sehr häufig – und wirkungsvoll! Daher hier ein Kerzenliebeszauber für eine Vollmondnacht ... Um diesen Zauber durchführen zu können, besorgen Sie sich eine rosafarbene Kerze mit einer Mindestbrenndauer von einer Stunde. Zünden Sie die Kerze an, und gehen Sie mit ihr bei Vollmond ins Freie, Sie sollten dabei zum Mond blicken. Denken Sie daran: Die Kerze hält man währenddessen immer in der rechten Hand und bittet den Mond um eine Partnerschaft.

Sollten Sie bereits einen Partner oder eine Partnerin ins Auge gefasst haben, rufen Sie sich das Bild der geliebten Person vor Augen. Wenn Sie noch niemanden gefunden haben, stellen Sie sich genau vor, wie der zukünftige Partner aussehen sollte. Danach machen Sie die Kerze aus, gehen in Ihr Haus zurück und nehmen die Kerze mit.

Zuhause sollten Sie vorher schon einen kleinen Altar mit ein wenig Räucherwerk oder einer Aromalampe hergerichtet haben. (Sollten Sie keinen Altar besitzen, stellen Sie einfach eine Räucherlampe auf eine Fensterbank oder einen Tisch.) Wählen Sie intuitiv einen Duft für diese Lampe aus, am besten geeignet sind jedoch Patchouli-, Rosen- oder Moschusöl. Legen Sie nun romantische Musik auf, und ritzen Sie mit einem spitzen Gegenstand aus Metall vorsichtig die Worte "wahre Liebe" in die Kerze ein. Stellen Sie diese Kerze auf den Altar, zünden Sie sie wieder an und lassen Sie sie nun komplett abbrennen. Man spricht dazu folgenden Satz:

"Mond und Liebesgöttin, bringt mir hierher den/die Liebsten/Liebste, den/die ihr mir zugedacht habt. Zeigt ihn/sie mir in dieser Nacht."

Bleiben Sie noch kurz sitzen, und warten Sie, bis die Kerze niedergebrannt ist (also lieber eine kleine Kerze verwenden). Denken Sie in dieser Zeit auch darüber nach, was Sie selbst dazu beitragen könnten, damit Ihr Wunsch in Erfüllung geht ...

RITUAL  55

VOLLMONDNACHTZAUBER

Sie brauchen:
- Stein
- Filzstift

Ein Sprichwort aus Arabien besagt: "Hoffnungen gleichen den Wolken: Einige ziehen vorüber, andere geben Regen." Damit Ihre "Wolken" Regen geben, führen Sie folgenden Zauber für die Liebe durch.

In einer Vollmondnacht treten Sie bitte ins Freie oder an ein Fenster, und sehen Sie sich den Himmel an. Stellen Sie sich in allen Einzelheiten den Menschen vor, den Sie lieben könnten. Sagen Sie dann laut folgenden Satz:

"Ich schaue auf den Mond, der Mond schaut auf mich. Er bringt den Mann/die Frau, der/die mich liebt."

Schreiben Sie anschließend mit einem Filzstift auf einen Stein den Namen des Geliebten oder der Geliebten. Lassen Sie den Stein dann draußen liegen, bis der Mond abzunehmen beginnt. Nehmen Sie erst dann den Stein wieder mit nach Hause, und legen Sie ihn unter Ihr Kopfkissen, bis sich die gewünschte Person bei Ihnen gemeldet hat.

Ritual 56

Entscheidungsritual

Sie brauchen:
- zwei oder drei rot blühende Tulpenzwiebeln
- Blumenerde
- Topf

Hilfe bei der Entscheidung zwischen zwei Menschen bietet Ihnen folgendes Ritual, wobei gilt: Wenn Sie sich zwischen zwei Personen entscheiden müssen, brauchen Sie zwei Zwiebeln, wenn Sie die Wahl zwischen drei Personen haben, dann benötigen Sie folglich drei Zwiebeln.

Stecken Sie alle Zwiebeln in einen mit Erde gefüllten Blumentopf. Beschriften Sie den Topf mit dem jeweiligen Namen der Personen, und geben Sie diesen Namen auch der Zwiebel für diesen Topf. Nennen Sie die Zwiebel Nummer 1 z. B. Andreas, und Zwiebel Nummer 2 heißt Michael. Nun warten Sie, welche Blumenzwiebel zuerst austreibt. Sie zeigt Ihnen den richtigen Partner.

Das Ganze kann man, wie gesagt, ebenso durchführen, wenn mehr als zwei Personen im Spiel sind.

Sie müssen dann einfach mehr Blumentöpfe und Blumenzwiebeln verwenden.

RITUAL 57

MONDRITUAL FÜR ANZIEHUNGSKRAFT

Sie brauchen:
- drei Haare
- Gewässer

Um die Liebesfähigkeit und die Anziehungskraft zu steigern, ist folgendes Ritual geeignet, das ich Ihnen gerne vorstellen möchte. Dieser Zauber sollte immer draußen, am besten in der Nähe von Bäumen und einem fließenden Gewässer durchgeführt werden. Der beste Zeitpunkt ist eine Neu- oder Vollmondnacht.

Nehmen Sie drei Ihrer eigenen Haare, und verknoten Sie sie; machen Sie bitte mehrere Knoten. Legen Sie die Haare dann auf den Boden, und lassen

Sie etwas Wasser aus einem Fluss oder einem Bach darüber träufeln. Dabei versuchen Sie, sich auf den Wunschpartner bzw. die Wunschpartnerin und auf Ihre Wünsche zu konzentrieren. Denken Sie an schöne Zeiten und an seine oder ihre Wärme. Nehmen Sie anschließend die Haare in die Hand, und werfen Sie sie in den Fluss.

RITUAL  58

ÜBERWINDUNG EINER ZERBROCHENEN BEZIEHUNG

Sie brauchen:
- gelbe Kerze
- grüne Kerze
- zwei Bogen Papier oder Pergament
- grüne Tinte
- zwei Tropfen Nelkenöl
- zwei Tropfen Fliederöl
- Talisman
- feuerfeste Schale

Legen Sie alle Gegenstände vor sich auf den Boden. Ziehen Sie einen Schutzkreis um sich, und entzünden Sie die gelbe Kerze mit folgenden Worten:

"Ich entzünde diese Kerze für unsere Freundschaft – in Liebe und Verständnis."

Nun schreiben Sie alle Verletzungen und Kränkungen mit grüner Tinte auf das Pergament, und bespritzen es mit beiden Ölen. Dann entzünden Sie die grüne Kerze und halten den Talisman sowie das Pergament über die Flamme. (Als Talisman können Sie ein nicht zu teures Schmuckstück verwenden.) Sprechen Sie drei Mal folgenden Satz:

"Lass Liebe und Verständnis in die Beziehung von (an dieser Stelle erwähnen Sie den Namen des Partners oder der Partnerin sowie Ihren Namen) *ein. Lass die Lüfte des Himmels unsere Probleme mit sich fortnehmen."*

Legen Sie das Pergament anschließend in die Schale, und zünden Sie es mit der grünen Kerze an. Löschen Sie die Kerze, streuen Sie anschließend die

Asche in den Wind und vergraben Sie den Talisman weit weg von zu Hause.

RITUAL 59

TREUE-ZAUBER AUS AFRIKA

Sie brauchen:

- Kreuzkümmel
- Kornblumenblüten
- Wasser
- Sieb
- Topf
- Waschmaschine
- Unterhose des Partners

Wenn Sie den Verdacht haben, dass Ihr Partner fremd geht, gibt es ein wirksames Ritual aus Afrika dagegen. Das Ritual sollte jedoch nicht an einem Donnerstag oder einem Dienstag durchgeführt werden.

Man nimmt ungemahlenen Kreuzkümmel und einige getrocknete Kornblumenblüten. Kochen Sie

Verlag

»Die Silberschnur«

Postfach 41

D-56590 Horhausen

||||||||||||||||||||||||||||||||||| SILBERSCHNUR |||||||||||||||||||||||||||||||||||
www.silberschnur.de · E-Mail: bestellung@silberschnur.de

Brenda Barnaby
*Das Geheimnis
hinter "The Secret"*

184 Seiten, broschiert
€ (D) 17,90
ISBN 978-3-89845-242-7

Einen Blick hinter die Geheimnisse des Weltbestsellers "The Secret" wirft die englische Psychologin und Autorin Brenda Barnaby und liefert damit eine willkommene Ergänzung und Erweiterung, die die Erkenntnisse von "The Secret" hinterfragt und den tieferen Sinn der Erklärungen deutlicher macht. Ein seltenes und wertvolles Buch, das das Leben wahrhaft verändern und geheime Wünsche realisierbar machen kann.

Ja, ich möchte gerne weitere Informationen erhalten.

Bitte senden Sie mir Informationen

◯ per E-Mail *oder* ◯ per Post

◯ zum Verlagsprogramm

◯ zu den Novitäten

◯ zu Seminaren

Ihr Interesse wird belohnt!

Unter allen Einsendern verlosen wir

monatlich 10 Exemplare

unseres Buchtipps des Monats.

Einsendeschluss ist jeweils der 15. des laufenden Monats. Die Gewinner werden schriftlich benachrichtigt, der Rechtsweg ist ausgeschlossen.

Name, Vorname

Telefon   E-Mail

Straße, Hausnummer

Land, PLZ, Ort   Unterschrift

Ich erkläre mich einverstanden, dass der Verlag »Die Silberschnur« und Kooperationspartner meine Daten zu Direktmarketingzwecken verwenden dürfen.

ein bis zwei Esslöffel Kreuzkümmel und eine Hand-
voll Blüten in 1/4 Liter Wasser etwa zehn Minuten
lang in einem Topf, und seihen Sie diese Brühe
durch ein Sieb ab. Nehmen Sie dann eine oder alle
verfügbaren Unterhosen des Partners, geben Sie sie
in Ihre Waschmaschine und lassen Sie sie bei einem
normalen Waschgang durchlaufen. Geben Sie zum
Schluss aber anstatt des Weichspülers das Kreuz-
kümmel-Kornblumenwasser dazu. Während dieses
Spülvorganges spricht man folgende Worte:

*"Bleib treu mein Freund, das rate ich dir – jedes
Fremdgehen ist verboten und macht dich müde und
schwach! Es war dein Schwur: Du gehörst zu mir."*

Trocknen Sie nach dem Waschen die frisch ge-
waschenen Unterhosen, und geben Sie sie Ihrem
Partner zum Tragen.

RITUAL 60

LIEBESZAUBER FÜR DIE BINDUNG

Sie brauchen:
- Foto
- Zettel
- Stift
- drei rote oder rosafarbene Rosen
- Duftlampe
- Wasser
- Rosenöl
- Kupfer
- Teelicht
- Briefumschlag

Wenn der Geliebte seine Gefühle nicht zeigen kann und sich nicht an Sie bindet, gibt es ein sehr einfaches Ritual, um ihn oder sie stärker an sich zu binden.

Man schreibt dazu zunächst den Tag des Kennenlernens auf einen Zettel und addiert die Zahlen. Daraus ergeben sich die Tage, an denen man das Ritual durchführen kann. Wenn Sie sich also beispielsweise am 1. 9. 78 kennen gelernt haben sollten, dann ergibt sich durch die Addition aller Zahlen

$$1 + 9 + 7 + 8 = 25 = 2 + 5 = 7$$

die Quersumme 7, die anzeigt, dass man das Ritual am 7. eines Monats durchführen kann. (Es darf aber generell kein Donnerstag sein. Sollte sich ein Donnerstag ergeben, verschieben Sie das Ritual auf den nächsten Monat.) Außerdem benötigt man für diesen Vorgang ein Foto oder eine Zeichnung, auf der der Name der geliebten Person notiert ist. Darauf werden später drei rote oder rosafarbene Rosen gelegt.

Befüllen Sie die Duftlampe nun mit Wasser, und geben Sie ein paar Tropfen Rosenöl dazu; Magier nehmen meistens 21 Tropfen Öl, weil 21 als eine heilige Zahl gilt. Legen Sie bitte zusätzlich noch ein Stück Kupfer, z. B. ein Geld- oder Schmuckstück, in die Lampe. Zünden Sie jetzt die Kerze an. Nehmen Sie das Foto in Ihre Hände, und ziehen Sie es sieben Mal durch die Duftschwaden; dazu spricht man folgende Worte:

"Du (der Name des Geliebten/der Geliebten) sollst meine Liebe spüren, stark und dauerhaft, du sollst sie ohne jeden Zweifel annehmen. Du sollst

dich nach mir sehnen und verzehren, so wie ich es tue. Du sollst dich plötzlich zu mir hingezogen fühlen, mich immer stärker und stärker lieben, wenn es Gottes Wille ist. Sollte es gewollt sein, wird es geschehen. Stunde für Stunde, Tag für Tag. Das Gefühl wird dich regelrecht beherrschen, so dass du nach Linderung suchen wirst. Amen, und so sei es."

Schauen Sie dann das Foto an, und nehmen Sie die Rosen in die Hand. Zupfen Sie die Blüten ab, und lassen Sie sie auf das Foto fallen. Bei jedem Blatt, das fällt, sagt man:

"Ich bin deine Linderung, die dich liebt und die du lieben wirst."

Zum Schluss legt man die linke Hand auf das Foto und die Blüten und lässt seine Liebe visuell hineinfließen. Anschließend wird das Foto mit den Rosenblättern in einen Briefumschlag gegeben und bis zum nächsten magischen Datum bei sich getragen.

RITUAL 61

LIEBESBANDZAUBER: DAMIT ER ODER SIE STÄRKER AN SIE DENKT

Sie brauchen:

- rotes Seidenband

Sie brauchen für diesen Zauber einen Meter rotes Seidenband und mindestens eine Woche Zeit, in der Sie sich, sooft wie möglich, mehrmals am Tag fünf bis zehn Minuten Zeit nehmen sollten, um Folgendes zu tun:

Wickeln Sie das Seidenband um Ihren rechten Zeigefinger, und legen Sie ihn ein paar Minuten an Ihr drittes Auge (in der Mitte Ihrer Stirn). Konzentrieren Sie sich auf Ihren Partner. Stellen Sie sich vor, wie er riecht, und berühren Sie in Gedanken seinen Körper. Verweilen Sie einen Moment an seinen Lippen, und fordern Sie ihn auf, stark an Sie zu denken. Dann halten Sie sein Bild mindestens sechs Minuten lang in Ihren Gedanken.

Wiederholen Sie diesen Vorgang täglich sooft wie möglich. In der Nacht legt man das Band unter das Kopfkissen.

RITUAL 62

DER FREITAGABEND-LIEBES-KERZENZAUBER

Sie brauchen:
- weiße Kerze
- Korianderöl
- Weidenzweig
- Foto

Dieser Zauber ist am wirkungsvollsten, wenn er an einem Freitagabend durchgeführt wird. Er ermöglicht es Ihnen, die von Ihnen geliebte Person anzuziehen. Sie benötigen dazu eine lange weiße Kerze, die mit Korianderöl eingerieben wird, einen dünnen Weidenzweig und die Zeichnung oder ein Foto des Geliebten oder der Geliebten.

Beginnen Sie mit dem Zauber zwischen 20 und 21 Uhr. Stecken Sie die vorbereitete Kerze in einen Kerzenhalter, und legen Sie die Zeichnung der geliebten Person davor. Den Weidenzweig halten Sie in der rechten Hand. Die Kerze wird nun angezündet, und Sie konzentrieren sich in Gedanken auf Ihre Erfolge in der Partnerschaft und die Liebe zu Ihrem

Partner. Klopfen Sie das Foto mit dem Zweig ein paar Mal an, und behalten Sie diesen Weidenzweig anschließend immer bei sich. So wird sich im Laufe eines Mondzyklus' eine starke Liebe einstellen.

RITUAL  63

SIEBEN-KNOPF-KERZEN-RITUAL

Sie brauchen:
- Sieben-Knopf-Kerze
- Olivenöl

Üblicherweise werden mit Sieben-Knopf-Kerzen (die Kerzen, die aus sieben Gliedern bestehen) Rituale über sieben Tage hinweg durchgeführt, denn jedem Tag ist ein Knopf gewidmet, der während der Visualisierung abbrennt.

Das folgende Ritual übermittelt Liebe und Heilenergien zu einer bestimmten Person.

Man kann hier verschiedene Kerzenfarben verwenden, die Sie dem Thema entsprechend auswählen sollten:

- Rot steht für die Liebe und für Partnerschaft
- Grün steht für Geld und Erfolg
- Orange steht für Gesundheit und Wohlergehen
- Blau steht für Bewerbungsgespräche und Erfolg im Beruf
- Gelb steht für ein Heilungsritual

Also, nehmen Sie die Kerze, salben Sie sie mit etwas Olivenöl und entzünden Sie sie an einem Sonntag. Stellen Sie sich eine heilende Energie vor, die die betreffende Person, die Sie mögen oder gar lieben, durchströmt und ihr neue Kraft gibt. Binden Sie all Ihre guten Gedanken zu einem warmen Lichtball zusammen, und übergeben Sie diesen als heilendes Geschenk an die geliebte Person.

Für dieses Ritual sind Vorstellungskraft sowie Übung notwendig. Wiederholen Sie den Vorgang sieben Tage lang, bis die Kerze vollständig abgebrannt ist.

RITUAL  64

LIEBESBOMBE

Sie brauchen:

- Basilikum
- Pfeffer
- Zitronengras
- Fingernagel
- Herz aus Stoff
- Alufolie
- Behälter

Stagnierende Beziehungen können sich durch diesen Zauber wieder beleben lassen, denn er wirkt wie eine "kosmische Heilsalbe"...

Man benötigt hierfür je eine Prise getrocknetes Basilikum, etwas weißen Pfeffer, 20 Gramm Zitronengras (um die Gedanken zu fokussieren), ein kleines Stück Fingernagel, ein kleines rotes Herz aus Stoff oder Papier, Alufolie und einen Behälter mit Deckel. Geben Sie alle Zutaten in den Behälter, und schütteln Sie ihn zwei bis drei Minuten lang. Schneiden Sie dann aus einem Baumwollstoff ein Herz aus, legen Sie das Herz auf die Alufolie und streuen Sie die "Kräutermischung" darauf. Falten Sie die Folie nun zu einem kleinen Päckchen, das Sie in die Kleidung der gewünschten Person legen, ohne ihr etwas davon zu sagen. Sie können das Päckchen natürlich auch in einen Schuh des Partners oder der Partnerin legen.

So wird Ihre Beziehung energetisch unterstützt und eventuell sogar gerettet ...

Ritual  65

Kraut gegen Liebeskummer

Sie brauchen:
- 10 Gramm Eisenkraut

Gegen Liebeskummer ist doch ein Kraut gewachsen ... Ja, ja, Sie lesen richtig, nämlich das Eisenkraut. Es war schon die Zauberpflanze der Druiden, die diese Zauberpflanze gegen Kummer und Seelenschmerzen verwendeten. Sie beräucherten den Betroffenen damit im Uhrzeigersinn, damit die positiven Energien des Krauts den Kummer und den Herzschmerz auflösen konnten.

Also, sollten Sie Kummer haben, nehmen Sie 10 Gramm Eisenkraut, legen Sie es in einen Aschenbecher und zünden Sie es an. Nehmen Sie den Aschenbecher in die Hände, und machen Sie ein paar Kreisbewegungen um Ihren Körper. Stellen Sie sich dabei bildlich vor, dass der Rauch Ihre seelische Unruhe bindet und wegträgt. Löschen Sie dann die Glut.

Auch in der rechten Hosentasche getragen verscheucht Eisenkraut schnell jedes Leid. Probieren Sie diesen einfachen, aber wirkungsvollen Zauber einfach einmal aus ...

RITUAL 66

TREULOSE NUSS

Sie brauchen:

- Walnuss
- wasserfesten Stift
- heiße Kohlen
- Wasser

Untreue in der Beziehung? Kein Problem!

Besorgen Sie sich eine mittelgroße Walnuss, schreiben Sie den Namen Ihres Partners/Ihrer Partnerin mit einem wasserfesten Stift auf diese Nuss und legen Sie sie auf heiße Kohlen. (Statt Kohlen können Sie auch eine Kohlentablette verwenden. Diese bekommen Sie in jedem guten esoterischen Laden.) Brennt die Nuss mit hoher Flamme, war er/sie treu, springt sie jedoch hoch, ist dies ein Zeichen, dass er/sie eventuell untreu sein könnte.

Möchten Sie, dass diese Person zukünftig treu wird und bleibt, so sammeln Sie die Asche der Nuss ein, und vergraben Sie sie unter einer Eiche. Begießen Sie diesen Platz anschließend mit etwas Wasser, und sagen Sie folgenden Satz:

"Du untreue Seele, finde zu deinen Gefühlen und werde dir und mir treu. Ich beschwöre die Treue durch mein Wort. So sei es, so will ich es."

RITUAL 67

LUSTIGER TREUE-TEST

Sie brauchen:
- Badewanne mit Wasser
- Edelstein

Von einer Kundin erfuhr ich, dass sie ihre Männer mit dem folgenden Test auf Treue testet. Sie können drei Mal raten, was sie bis jetzt für Testergebnisse hatte ...

Abends lässt man eine Wanne ein und bittet den Partner, hineinzusteigen. Wenn er in der Wanne liegt, sollte man in das Wasser schauen und seinen Penis ansehen. Liegt der Penis unten, sollte der Mann treu sein. Zeigt er jedoch nach oben, dann hat der Mann womöglich auch andere Frauen, oder zumindest könnte er Gedanken an andere Personen hegen.

Auf Nummer sicher geht man, wenn man ihm zusätzlich nachts einen Edelstein auf die Stirn legt. Schläft er ruhig weiter, meint er es ernst.

An dieser Stelle möchte ich sagen, dass dieser Test aber wirklich nur als lustiger Versuch angesehen werden sollte. Er hat keine magische Wirkung und liefert natürlich keine zuverlässigen Antworten! Er ist nur etwas zum Lachen und nicht zum Ausprobieren gedacht!

RITUAL  68

SALZ FÜR DIE LIEBE

Sie brauchen:
- Fingerhut
- etwas Salz

Diese Situation hat bestimmt jeder von Ihnen schon einmal erlebt: Man fühlt sich einsam und sehnt sich nach einer neuen Liebe, sieht jedoch keine "passende" Person für sich. Doch ab und zu sehen wir tatsächlich den Wald vor lauter Bäumen nicht ... Um den Richtigen oder die Richtige zu erkennen und anzuziehen, möchte ich Ihnen daher folgendes Ritual vorstellen.

Nehmen Sie zu einer späteren Abendstunde einen Fingerhut, und füllen Sie ihn mit Salz. Nehmen Sie ihn dann in die Hand, und bedecken Sie die Öffnung des Fingerhutes mit einer Fingerkuppe. Schütteln Sie den Fingerhut nun 10 Mal hin und her, und streuen Sie das Salz dann auf den Boden. Nun nehmen Sie den Fingerhut so in den Mund, dass er mit der Öffnung auf Ihrer Zunge steht. Halten Sie ihn im Mund fest, und gehen Sie bitte ganz vorsichtig drei Schritte rückwärts. Schließlich nehmen Sie den Fingerhut aus dem Mund und gehen sofort ins Bett.

Ihr nächster Partner/Partnerin wird Ihnen in dieser Nacht im Traum erscheinen oder Ihnen symbolisch eine Information übermitteln.

RITUAL  69

EIN ROTES BAND FÜR DIE ZUNEIGUNG

Sie brauchen:
- zwei rote Bänder aus Baumwolle

Meine erfolgreichsten magischen Rituale lernte ich von meiner Oma Walja. Darunter ist auch mein allerliebster Zauber für die Zuneigung, für den man nur zwei Baumwollbänder braucht.

Besorgen Sie sich zwei 30 bis 40 Zentimeter lange rote Bänder aus Baumwolle, verbinden Sie sie miteinander und lassen Sie sie zwei Nächte lang an einem sicheren Platz liegen. Tragen Sie eines der Bänder danach selbst, das zweite geben Sie Ihrem Partner/Ihrer Partnerin zum Tragen als eine Art Freundschaftsband. Sollte er oder sie das Band nicht annehmen oder tragen wollen, nehmen Sie es wieder mit und lassen es auf einer Fensterbank weitere sieben Tage lang liegen.

Allgemein gilt, dass Sie meistens fest verbandelt werden, wenn Sie beim ersten Treffen irgendwo am Körper schon ein rotes Band tragen – so heißt es zumindest in Russland und Brasilien, wo dieser Brauch gerne angewendet wird.

RITUAL 70
NAGELPROBE

Sie brauchen:
- abgeschnittenen Fingernagel

Meine bereits verstorbene Oma war meine beste Lehrerin. Sie erzählte mir, dass im Altertum junge Mädels folgenden Zauber angewandt haben, um einen lieben Menschen an sich zu binden: Sie sammelten ihre abgeschnittenen Fingernägel, vergruben sie an einem Baum vor dem Haus ihres Liebsten – und waren sich seiner Liebe sicher.

Es geht hierbei um einen direkten Energieaustausch, unterstützt durch Mutter Natur.

RITUAL 71

ROSAROTE BRILLE

Sie brauchen:
- Brille
- etwas Lavendelseife

Dieses Ritual stammt aus Deutschland, und einige mir bekannte Hexen verwenden es heute noch.

Besorgen Sie sich eine Sonnenbrille aus Plastik mit rosafarbenen Gläser, und waschen Sie sie mit Lavendelseife. Nun ist es ganz einfach, den Richtigen oder die Richtige zu finden: Man trägt die Brille, wenn man weggeht. Wenn Sie ihn oder sie erspäht haben, nehmen Sie die Brille aber wieder ab, denn man möchte den vielleicht neuen Partner ja schließlich nicht nur durch die rosarote Brille sehen ... Ein herrlicher, lustiger Zauber!

RITUAL 72

SIEBEN-KNOTEN-KERZEN-RITUAL FÜR WÜNSCHE

Sie brauchen:
- Sieben-Knoten-Kerze

Sieben-Knoten-Kerzen sind Kerzen, die aus sieben Kugeln zusammengesetzt sind, sie werden auch als Sieben-Knopf-Kerzen bezeichnet. Diese Kerzen sind besonders geeignet, wenn man seine eigenen Wünsche wahr werden lassen will. Wenn Sie möchten, können Sie die ganze Kerze für einen einzelnen Wunsch verwenden. Ebenso kann die Kerze aber auch noch für sechs weitere Wünsche verwendet werden. Legen Sie zuerst fest, wie viele Wünsche Sie haben, denn den/die Wunsch/Wünsche schreibt man auf ein Stück Papier auf und visualisiert ihn/sie. Vor dem ersten Anzünden legt man den Zettel sicher unter die Kerze. Zünden Sie nun die Kerze an, und lassen Sie jeden Tag einen Knoten der Kerze abbrennen. Konzentrieren Sie sich auf den jeweiligen Wunsch für diesen Knoten. Nach den sieben Tagen lassen Sie Ihre Wünsche los.

RITUAL 73

GLÜCK UND HARMONIE PUR

Sie brauchen:
- Eichen- und Birkenblätter
- Rosenöl
- Vollbad
- weiße Kerze
- eine weiße und zwei rote Rosen
- zwei Muscheln

In meinen Seminaren erkläre ich tausende von verschiedenen energetischen Heilvorgängen und

Ritualen. Dieses Ritual nun stammt aus einem meiner schamanischen Seminare und dient dazu, alle Wünsche zum Thema "Liebe" in Erfüllung gehen zu lassen.

Führen Sie das Ritual an drei Freitagen hintereinander jeweils zwischen 22:00 und 24:00 Uhr durch. Sammeln Sie vorab tagsüber bereits einige Eichen- und Birkenblätter, die Sie in etwas Rosenöl tränken. Geben Sie diese Mischung ins Badewasser, und nehmen Sie ein Vollbad. Stellen Sie bitte anschließend eine weiße Kerze auf einen kleinen Altar. (Sollten Sie keinen Altar besitzen, stellen Sie die Kerze auf einen Teller auf einem Tisch.) Bevor Sie die Kerze anzünden, ritzen Sie vorsichtig den Namen des Liebsten in sie ein. Anschließend stellen Sie zusätzlich drei Rosen, eine weiße und zwei rote, sowie zwei Muscheln auf den Altar (Venus, die Göttin der Liebe, liebt Muscheln ...). Nun können Sie die Kerze anzünden. Stellen Sie sich einige Minuten lang bildlich vor, wie Sie und Ihr Partner in Glück und Harmonie zusammenleben. Sprechen Sie Ihren Wunsch dazu laut aus. Man beendet das Ritual, indem man die Kerze löscht und sich "oben" bedankt, dass der Wunsch unterstützt wird.

RITUAL 74

KERZENMAGIE

Sie brauchen:
- beliebige Kerze
- Zettelchen

Kerzenmagie ist eine der leichtesten magischen Übungen, und sie wird weltweit seit Jahrtausenden ausgeführt. Jeder von uns hat zudem bereits in der Kindheit unbewusst Kerzenmagie durchgeführt. Sie fragen jetzt sicher ungläubig: "Ja? Wann denn – und wie?" Nun, denken Sie an Ihre Geburtstagstorte: Das Ausblasen der Kerzen auf dem Geburtstagskuchen beruht auf drei magischen Prinzipien: auf dem Willen, der Konzentration und der Visualisierung – also auf Magie ... Aber nun zu meinem Ritual:

Kerzen, die man für eine magische Tätigkeit verwendet, sollten prinzipiell immer neu sein, und bevor man die Kerze benutzt, sollte man sie mit einem Öl (z. B. Olivenöl) einreiben, denn dadurch wird sie mit den eigenen, persönlichen Schwingungen aufgeladen, auch der Wunsch dringt auf diese Weise in die Kerze ein. Denken Sie überdies an die

Kerzenfarben. Um auf Nummer sicher zu gehen, sollten Sie am Anfang Ihrer magischen Tätigkeit einfach weiße Kerzen benutzen, denn Weiß ist universell und kann bei jedem Kerzenritual, unabhängig vom Thema, verwendet werden.

Wenn Sie bei Ihren Wunschritualen aber doch Farben verwenden wollen, finden Sie hier die passenden Farben der Kerzen zu Ihrem Sternzeichen, die Sie dann immer verwenden können (Achtung: Nur durchgefärbte Kerzen eignen sich zur Magie!):

Widder:	rot oder orange
Stier:	grün oder blau
Zwilling:	gelb oder rosa
Krebs:	silber oder grau
Löwe:	orange oder gelb
Jungfrau:	gelb oder purpur
Waage:	rosa oder violett
Skorpion:	rot oder braun
Schütze:	violett oder schwarz
Steinbock:	schwarz oder grün
Wassermann:	blau oder lila
Fische:	blau oder rot

Die einfachste Form, Kerzenmagie zu praktizieren, ist, den Wunsch, den man hat, auf ein Stück Papier (das man an einen sicheren Platz unter die Kerze legt, an dem es kein Feuer fangen kann) oder direkt auf die Kerze zu schreiben. Am besten ist es aber, wenn Sie sich den Wunsch vor Ihrem geistigen Auge visuell vorstellen. In allen Fällen wird der Wunsch nach "oben", ins Universum transportiert, unterstützt durch das Element Feuer.

Ist das Ritual für eine zweite, abwesende Person gedacht, kann diese Person auch durch eine Kerze dargestellt werden. Geben Sie dazu der Kerze einfach den Namen dieser Person.

RITUAL 75

DIE SPRACHE DER FLAMMEN

Sie brauchen:
• Kerze

Mit einer Kerze lässt sich auch wahrsagen ... Eine Möglichkeit, um herauszufinden, was auf Sie zukommt, bietet Ihnen folgendes Ritual: Zünden Sie eine Kerze an, und beobachten Sie etwa fünf Minuten lang, wie sich die Flamme verhält ...

- Die Flamme brennt ruhig, klar und leuchtend. Dann sind die Feuergeister wohlgesonnen, und man erhält Zufriedenheit, Wärme und Liebe sowie innere Ruhe und Ausgeglichenheit.

- Die Flamme brennt klar und größer als sonst. Dann kommen Verbesserungen, Erfolg und freudige Ereignisse in Ihr Leben.

- Die Kerze tropft und schlägt Funken. Hier sieht es nicht so gut aus für Ihr Vorhaben. Es stehen Ihnen eventuell Schmerzen bevor. Eine unruhige Kerzenflamme stellt auch Gefahr dar.

- Die Flamme schlägt Funken. Dann ist ein Streit möglich.

RITUAL 76

DIE VERBINDUNG ZU EINEM MENSCHEN BEENDEN

Sie brauchen:
- zwei Kerzen

Falls Ihnen jemand das Leben zur Hölle macht, können Sie folgendes Ritual durchführen, am besten bei abnehmendem Mond.

Nehmen Sie zwei weiße Kerzen, und stellen Sie sie nebeneinander. Eine Kerze symbolisiert dabei Sie selbst, die andere stellt die Person dar, die man loswerden möchte. Ritzen Sie in die erste Kerze Ihren Namen und in die zweite den Namen der Person, die aus Ihrem Leben verschwinden soll. Lassen Sie beide Kerzen eine Weile brennen. Dann löschen Sie beide Kerzen und wiederholen den Vorgang an weiteren sechs Tagen hintereinander.

Rücken Sie dabei jeden Tag die Kerze für die andere Person ein Stück weiter von Ihrer Kerze weg. Dies symbolisiert, dass die Verbindung nachlässt. Die Kerzenreste werden zum Schluss vergraben.

RITUAL 77

SÜSSER ZAUBER

Sie brauchen:
- drei Pralinen

Lieben Sie eine Person sehr, und sind Sie auch überzeugt, dass diese Person Sie ebenfalls liebt, aber der- oder diejenige hat nicht die Courage, Ihnen seine Gefühle zu zeigen? Dann verwenden Sie das Pralinenritual – ein süßer Zauber ...

Ritzen Sie auf alle drei Pralinen Ihren sowie den Namen der geliebten Person, und legen Sie die Pralinen dann zusammen auf einen Teller. Stellen Sie den Teller für kurze Zeit in den Ofen oder für ein paar Sekunden in die Mikrowelle, so dass die Pralinen schmelzen. Dies bewirkt einen schnellen Energieaustausch zwischen beiden Personen, so dass sich die geliebte Person bald bei Ihnen melden wird. Sobald sie sich gemeldet und ihre Gefühle offenbart hat, können Sie die geschmolzenen Pralinen wegwerfen.

RITUAL 78

SOCKEN-RITUAL

Sie brauchen:
- Socke

Dieses Ritual ist für all diejenigen gedacht, denen es schwer fällt, Gefühle zuzulassen. Man benötigt hierfür nur eine Socke, am besten geeignet ist eine weiße. Nehmen Sie diese in Ihre Hände, und verknoten Sie sie einmal. Sagen Sie dabei laut folgenden Satz:

"Ich verknote die Angst und den Zweifel in der Socke und lasse so meine Gefühle fließen und wachsen. Meine Worte sind klar."

Anschließend sollten Sie die Socke verknotet in einen Schrank legen.

RITUAL 79

HAUSSCHUH-ZAUBER

Sie brauchen:
- Paar Hausschuhe
- Walnüsse

Wenn es in Ihrer Beziehung immer wieder Streit gibt, führen Sie folgenden Zauber durch.

Nehmen Sie die Hausschuhe des Partners/der Partnerin, und legen Sie in jeden Schuh eine Walnuss. Lassen Sie die Nüsse die ganze Nacht in den Schuhen liegen, und entsorgen Sie sie am Morgen. Wiederholen Sie den Vorgang drei Mal, und vergraben Sie anschließend alle Nüsse irgendwo im Garten oder in einem Wald. Sie werden bald bemerken, dass der Streit abnimmt.

RITUAL 80

RITUAL MIT EINER ZITRONE

Sie brauchen:
- Zitrone
- Faden
- Zettel
- Stift

Wenn Sie erfahren möchten, ob Sie mit Ihrem Liebsten/Ihrer Liebsten zusammenfinden, versuchen Sie es mit der folgenden Methode.

Nehmen Sie eine große, reife Zitrone, teilen Sie sie und schaben Sie ganz vorsichtig das Fruchtfleisch heraus, sodass Sie zwei große Zitronenschalen bekommen. Legen Sie anschließend die eine Hälfte in die andere, und lassen Sie sie an Ihrem Bett mehrere Tage ruhen. Sollten Sie in den kommenden fünf Tagen von der gewünschten Person träumen, werden Sie eventuell schnell zusammenfinden.

Sollte dies nicht passieren, können Sie dennoch versuchen, die Situation zu verändern: Legen Sie die beiden Schalen für einen Tag in Ihren Kleiderschrank und am nächsten Tag unter eine Birke, bitten Sie dabei darum, dass sich das Herz der lieben Person für Sie öffnen möge.

RITUAL 81

WENN SIE JEMAND NERVT

Sie brauchen:
- schwarzes Papier
- Tinte
- gelbe Kerze

Wenn Sie jemand nervt und Sie nicht loslassen will, Sie jedoch wünschen, dass diese Person so schnell wie möglich aus Ihrem Leben verschwindet, nehmen Sie ein Stück schwarzes Papier, und schreiben Sie den Namen dieser Person mit Tinte darauf; ein ganz normaler Stift ist aber genauso gut geeignet.

Anschließend zünden Sie eine gelbe Kerze an und verbrennen diesen Zettel. Stellen Sie sich dabei vor, dass der nervige Mensch Sie in Ruhe lässt und sich nicht mehr meldet. Nehmen Sie dann etwas entstandene Asche, verreiben Sie sie in Ihren Händen und sagen Sie folgenden Satz:

"Feuergeister und Windgeister, ich beschwöre euch und bitte euch, mir zu helfen. Bringt den Störenfried (nennen Sie den Namen der Person) *weit weg von mir. Ich will, dass diese Person frei und gelassen wird und nicht mehr an mir hängt. Sie soll ihre Hälfte finden und lieben, mich aber in Ruhe lassen. Amen."*

Löschen Sie dann die Kerze, und waschen Sie sich die Hände.

RITUAL 82

PFANNKUCHEN BACKEN

Sie brauchen:
- 150 g Mehl
- ½ Glas Milch
- 1 EL Honig

Haben Sie viele Wünsche? Warten Sie vergeblich auf die Erfüllung Ihrer Träume? Alles kann wahr werden, denn Pfannkuchen machen es möglich ...!

Mischen Sie alle oben stehenden Zutaten zusammen zu einem dünnen Pfannkuchenteig. Konzentrieren Sie sich beim Mischen auf Ihre Wünsche, und versuchen Sie, sich vorzustellen, dass Ihre Wünsche alle in den Teig hineingehen. Man nennt diesen Vorgang "Kodieren", Sie kodieren den Teig mit Informationen. Wenn Sie damit fertig sind, backen Sie so viele Pfannkuchen aus dem Teig, wie Sie Wünsche haben, und essen Sie sie im Laufe des Tages. Ihre Wünsche werden dem Universum so sehr schnell übermittelt ...

RITUAL  83

DAS DRITTE AUGE

Sie brauchen:
- Blumen

Dieser Liebeszauber ist in Südrussland sehr populär.

Kaufen Sie ein paar Blumen, und stellen Sie sie ins Wasser. Konzentrieren Sie sich auf die Blumen, und sagen Sie Folgendes:

"Meine lieben Blumen, ich bitte euch, meinen lieben Mann/meine liebe Frau zu mir zu bringen. Ich sende meine Energie, sendet ihr eure Energie zu ihm/ihr."

Nehmen Sie anschließend eine Blume aus der Vase, und streichen Sie mit der Blume über Ihr Gesicht. Stellen Sie die Blume dann wieder in die Vase, und nehmen Sie die nächste Blume, bis alle Blumen Ihr Gesicht berührt haben. Anschließend lassen Sie sie stehen.

Dieser Zauber hilft immer, zumindest um die ersten schweren Tage zu verarbeiten und zu überstehen. Unsere Liebesbeziehungen sind schließlich manchmal gar nicht so leicht. Nicht umsonst gibt es im Orient ein Sprichwort, das besagt: "Die Liebe ist ein scheuer Vogel, der den Schlüssel deines Gefängnisses um seinen Hals trägt." Da ist etwas dran ...

RITUAL 84

100-NADEL-RITUAL

Sie brauchen:
- Zitrone
- 100 Nadeln
- Schachtel
- Blatt Papier
- drei Lorbeerblätter

Wollen Sie von Ihrem Partner mehr Beachtung geschenkt bekommen? Dann tun Sie Folgendes:

Für dieses Ritual brauchen Sie nur eine Zitrone, Nadeln mit Köpfen und eine Schachtel. Setzen Sie sich an einen ruhigen Ort, sagen Sie den Namen Ihres Partners/Ihrer Partnerin immer wieder laut vor sich hin, und stecken Sie dabei die Nadeln in einem Abstand von zwei Zentimetern in die Zitrone. Legen Sie die Zitrone dann in die Schachtel, und bewahren Sie diese an einem dunklen Ort auf. Die Schachtel darf man auf keinen Fall innerhalb der ersten Woche berühren.

Nach einer Woche gehen Sie wie folgt vor: Nehmen Sie die Schachtel in die Hände, und öffnen Sie sie. Legen Sie das Blatt Papier und die drei Lorbeerblätter dazu, und schreiben Sie auf das Papier das Wort *"Liebe"*. Die Beachtung Ihres Partners ist Ihnen nun sicher.

RITUAL 85

ZETTEL BESCHRIFTEN

Sie brauchen:
- grüne Zettelchen
- rotes und blaues Papier
- kleines Bild von einem Heiligen
- Stift zum Beschriften
- Schere
- Klebstoff

Dieses Ritual ist ein echter Zauber-Vorgang zur Zusammenführung mit der geliebten Person. Er nimmt die Hemmun-

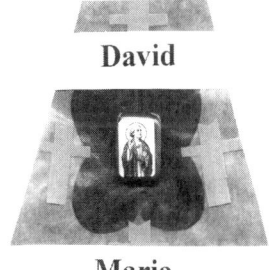

gen und Unsicherheiten dieser Person weg und bringt Ihnen die geliebte Person so näher.

Nehmen Sie zunächst einen grünen Zettel, und schneiden Sie ein Dreieck daraus aus. Schneiden Sie dann die obere Spitze des Dreiecks ab, und schreiben Sie oben den Namen der Person und darunter Ihren Namen auf. Danach nehmen Sie blaues Papier und schneiden daraus vier Kreuze. Diese sollten mit Klebstoff oben, unten, links und rechts am Dreieck befestigt werden. Nun schneiden Sie eine beliebige Figur bzw. Form aus dem roten Papier aus und kleben sie in die Mitte des grünen Dreiecks. Zum Schluss kleben Sie noch ein Bildchen mit Heiligen auf.

Bewahren Sie diesen Zettel sorgfältig in Ihrer Wohnung auf, bis Sie mit der geliebten Person zusammengekommen sind.

RITUAL 86

LIEBESSPIRALE

Sie brauchen:
- weißer Zettel
- grünes, rotes und gelbes Papierstück

- Stift
- Klebstoff

Dieser interessante Vorgang ermöglicht es Ihnen, die Liebe Ihres Lebens kennen zu lernen ...

Schneiden Sie aus grünem, rotem und gelbem Papier verschiedene Formen aus; dabei spielt es keine Rolle, was Sie genau ausschneiden, lassen Sie Ihrer Phantasie freien Lauf. Nehmen Sie nun den weißen Zettel, und kleben Sie alle ausgeschnittenen Teile aufeinander. Denken Sie dabei an Ihr Glück, an die neue Liebe und an Erfolge. Zeichnen Sie zum Schluss in die Mitte eine Spirale auf, wobei diese im Uhrzeigersinn verlaufen sollte, denn dies ist die so genannte Liebesspirale, die echte Liebe anzieht.

Tragen Sie diese Liebesspirale immer bei sich.

RITUAL 87

ENGELHERZ-ZEICHEN

Sie brauchen:

- blaues und hellgrünes Zettelchen
- roter Stift
- rotes Herz aus Papier, Plastik oder Edelstein
- Blume
- Klebstoff

Engel begleiten uns überall, und sie unterstützen auch unsere Liebesbedürfnisse. Daher will ich Ihnen an dieser Stelle einmal ein Ritual mit Engelzeichen aus dem gechannelten Engelalphabet vorstellen.

Nehmen Sie einen blauen Zettel, und kleben Sie einen hellgrünen kleineren Zettel in die Mitte. Malen Sie, wie auf dem Bild gezeigt, eine rote "Wiege" darauf. Oben kleben Sie ein Herz aus Papier, Plastik oder Edelstein auf und konzentrieren sich währenddessen auf Ihren Partner/Ihre Partnerin. Unter die

Komposition kleben Sie dann noch eine frische oder eine Plastikblume.

Bewahren Sie dieses Amulett in einer Handtasche oder in Ihrer Wohnung so lange auf, wie Sie wollen. Es wird Sie unterstützen.

RITUAL 88

GRIS-GRIS-BEUTEL

Sie brauchen:
- Organza- oder Silber/Gold-Beutelchen
- Kristallspitze
- roter Zettel
- lilafarbener Zettel
- Stift

Wenn Sie jemanden von ganzem Herzen lieben, derjenige das aber gar nicht bemerkt, dann können Sie folgenden Zauber anwenden, um ihm die Augen zu öffnen.

Nehmen Sie zwei Zettel, einer rot und der andere lila. Schreiben Sie auf den roten Zettel *"Ich liebe dich"*, auf den lilafarbenen Zettel schreiben Sie bitte den Namen der Person. Legen Sie diese Zettel zusammen mit einer Kristallspitze in das Beutelchen, und schließen Sie es.

Die Erfolge lassen meist nicht lange auf sich warten.

RITUAL 89

VADIMS AMULETT AKTIVIEREN

Sie brauchen:
- Vadims Amulett (siehe Titelbild)

Jeder von uns hat unerfüllte Träume, Wünsche und Bedürfnisse. Der eine möchte seine Erkrankung loswerden oder schneller genesen, der andere will ein neues Zuhause finden und umziehen, um ein adäquates Umfeld zu haben. Der Dritte sucht einen geeigneten Partner oder eine geeignete Partnerin ...

Unsere Wünsche und Bedürfnisse erfüllen sich nicht immer, weil sie teilweise nicht nach oben (zum Universum) gelangen oder weil sie durch negative

Energien auf dem Weg dahin gebremst werden. Amulette können diese Blockaden und Störungen aber aufheben.

Amulette gibt es wie Sand am Meer in Farbe, Form, Beschriftung usw. Doch bewirken alle auch das Gleiche? Nein.

Ich habe aber auch ein Amulett auf den Markt gebracht, und ich versichere Ihnen, mein Amulett mit der Spirale bringt sicher mehr Schwung in Ihr Liebesleben. Positiv wirkt sich das Amulett auch auf die Lebensbejahung, den Mut und das Temperament aus.

• **Aktivieren des Amuletts**

Suchen Sie sich zunächst ein ruhiges Plätzchen, setzen Sie sich hin und zünden Sie eine Kerze an. Legen Sie nun Ihr Amulett vor sich hin, und bedecken Sie es mit Ihrer rechten Hand. Sie werden in sich eine Ruhe spüren, die sich als Wärme in Ihrem Körper ausbreitet. Nehmen Sie das Amulett nun in die linke Hand, und führen Sie es zum Herzen. Anschließend wird die rechte auf die linke Hand gelegt.

Die rechte Hand ist die gebende Hand und verstärkt energetisch die Aufladung.

Konzentrieren Sie sich bei diesem Vorgang nun mit geschlossenen Augen ganz auf das Amulett und auf Ihre Wünsche, die präzise formuliert sein sollten. Vergessen Sie dabei nie: Ihre Wünsche dürfen den freien Willen und die Rechte des anderen nie verletzen.

Generell sollten Sie mit Ihrem Amulett immer in Kontakt bleiben und ihm Zeit widmen.

• **Wie trägt man ein Amulett?**

Das Amulett kann auf eine Schnur, eine Kette oder auf ein Lederband aufgezogen werden. Es kann aber auch einfach in der Tasche in einem Beutelchen aufbewahrt werden – Hauptsache, es ist Ihnen nahe. Sie sollten darauf achten, dass Ihr Amulett nie in fremde Hände gerät und es außer Ihnen niemand anfasst oder trägt. Wann immer Sie mögen, tragen Sie es, oder nehmen Sie es für längere Zeit in die Hand.

RITUAL 90

SCHLOSS-RITUAL

Sie brauchen:
- weißes Papier
- grünen Stift
- Schloss
- Klebstoff

Um die Liebe zu sichern, eignet sich das folgende Ritual.

Nehmen Sie ein weißes Blatt Papier, und zeichnen Sie einen Stern darauf. In diesen Stern wird entweder ein geschlossenes Türschloss gezeichnet, oder Sie befestigen ein kleines echtes Schloss aus Metall mit etwas Kleber daran. Anschließend umkreisen Sie das Ganze mit dem grünen Stift. Dabei sollten Sie sich wünschen, dass Ihre Liebe stärker wird und wächst.

RITUAL 91

PERLMUTT BESPRECHEN

Sie brauchen:
- Stück Perlmutt
- kleines Türschloss aus Metall
- Klebstoff

Wie Sie vermutlich wissen, ist Perlmutt in der Lage, positive Energien zu aktivieren und fließen zu lassen. Sollten Sie mit Ihrem/Ihrer Partner/in gestritten haben, und wollen Sie sich jedoch wieder versöhnen, machen Sie Folgendes:

Nehmen Sie ein Perlmuttstück in die Hand, und versuchen Sie, seine Energie zu spüren. Kleben Sie ein kleines Türschloss darauf, und besprechen Sie alles mit einem Gebet. Sie können dabei zum Beispiel das Vaterunser verwenden. Legen Sie dieses Perlmuttstück dann in Ihrer Wohnung an einem Fenster aus. Später können Sie das Stück Ihrem Partner geben oder selbst tragen.

RITUAL 92

WODKA-ZAUBER

Sie brauchen:

- Flasche Wodka oder Wein

Neben der persönlichen Begabung haben auch die Orte, an denen die Rituale stattfinden, einen Einfluss auf den Erfolg. Der beste magische Ort ist immer die Natur, und auch dieses Ritual wird meistens in der Natur durchgeführt.

Nehmen Sie eine Flasche Wodka oder Wein, und gehen Sie in einen Wald. Halten Sie die Flasche in den Händen, schauen Sie den Inhalt der Flasche genau an und besprechen Sie sie. Sagen Sie dazu folgende Sätze:

"Ich gebe dir Liebe und Geborgenheit. Finde zu deinem Herzen, finde zu deiner Liebe, finde zu mir. Amen."

Gehen Sie anschließend nach Hause. Geben Sie Ihrem Partner von dem Wodka oder dem Wein zu kosten.

RITUAL 93

RITUAL MIT STEINEN

Sie brauchen:
- Stein

Die Steine stellen bei diesem Ritual das Element Erde dar. Suchen Sie sich einen schönen Stein aus, und nehmen Sie ihn in die Hand. Jeder Stein hat eine eigene Seele, so sagen die Schamanen. Versuchen Sie nun, diese Steinseele zu spüren, und bitten Sie den Stein, Sie weiterhin zu unterstützen und zu schützen und Ihnen Ihre Wünsche zu erfüllen. So wird dieser Stein zu einem Wunschstein. Wünschen Sie sich Liebe ...

RITUAL 94

SEIFEN-RITUAL FÜR DAS KARMA

Sie brauchen:
- Stück Seife
- etwas zum Ritzen

Dieser Zauber dient allen Liebenden, die in einer karmischen (schicksalhaften) Beziehung leben. Der Zauber hilft dabei, schneller zueinander zu finden und karmische Einflüsse zu umgehen.

Nehmen Sie ein Stück Seife, und ritzen Sie darauf den Namen des Partners/der Partnerin sowie den Satz:

"Wir lieben uns und finden schnell zu uns."

Waschen Sie mit dieser Seife irgendein Kleidungsstück des Partners/der Partnerin. Legen Sie den Rest der Seife in eine Papiertüte, schreiben Sie das Wort *"Karma"* darauf und werfen Sie die Tüte mit der Seife weg. So wird Ihr Karma mit dem Partner/der Partnerin geheilt.

RITUAL 95

ELEMENTARE MAGIE MIT DEM LUFTELEMENT

Sie brauchen:
- Ruhe und Zeit

Da wir schon bei den Elementen sind, komme ich an dieser Stelle zu dem Element Luft, das sich gut für viele Rituale für die Liebe eignet. Führen Sie den folgenden, relativ einfachen Zauber am besten in der Früh, wenn die Sonne schon aufgegangen ist, durch. Der Himmel sollte an dem Tag klar sein.

Stellen Sie sich gerade hin, und breiten Sie Ihre Arme aus so weit Sie können. Führen Sie sie anschließend nach oben zum blauen Himmel. Bitten Sie den Himmel darum, dass er Ihnen Ihren Liebsten/Ihre Liebste bringt. Der Himmel soll Sie dabei unterstützen, geliebt zu werden und die Liebe nach außen abzustrahlen. Atmen Sie anschließend tief ein, und versuchen Sie, sich zu konzentrieren. Denken Sie an schöne Zeiten, und stellen Sie sich vor, diese rosigen Zeiten mit Ihrem Liebsten/Ihrer Liebste sind bereits eingetroffen. Wünschen Sie sich an dieser Stelle viel Glück und Freude. Denken Sie dabei alleine an Ihre bestehende bzw. an die gewünschte Partnerschaft.

Sie werden ziemlich schnell merken, dass dieses Ritual wirkt. Schließlich wird hier die Energie des Himmels verwendet ...

RITUAL  96

ELEMENTARE MAGIE MIT DEM WASSERELEMENT

Sie brauchen:
- Schüssel
- etwas Wasser

Wenn wir schon bei den Elementen sind, möchte ich natürlich auch Regen und Schnee nicht auslassen. Schon immer wurde Tauwasser als heiliges Wasser angesehen, es gilt als Reinigungswasser für die Zellen und für unsere Seele. Das folgende Ritual sollten Sie daher durchführen, wenn Sie Kummer mit einer bestimmten Person haben und ihn "wegwaschen" wollen.

Füllen Sie etwas Wasser in eine Schüssel, und stellen Sie diese Schüssel ins Freie. Wenn es regnet, sollte sich das Wasser mit dem Regenwasser vermischen. Wenn es schneit, gilt dasselbe. Wenn Sie die Schale nicht nach draußen stellen können, müssen Sie etwas Regenwasser sammeln; hier gibt es mehrere Glückstage, an denen Sie Regenwasser sammeln können. Zum Beispiel wird der Zeitpunkt vom 10. bis 20. Juli, aber natürlich auch die Zeit vor Weihnachten als eine solche günstige Zeit angesehen. Wenn Sie das Wasser gesammelt und es mit normalem Wasser oder Schneewasser gemischt haben, sollten Sie Ihre Hände hineinlegen. Versuchen Sie, durch Ihre Handflächen die Energie des Wassers zu tanken, und wünschen Sie sich, dass der Liebste/die Liebste auf Sie zukommt. Machen Sie das ungefähr fünf Minuten lang, bis Sie merken, dass die Energie des Wassers aufgenommen ist. Anschießend sollten Sie Ihren Kopf mit dem gleichen Wasser besprengen. Das restliche Wasser lassen Sie irgendwo draußen stehen, ohne es auszuleeren. Sprechen Sie am besten ungefähr eine Viertelstunde nach dem Ritual nicht, und versuchen Sie, diese Zeit nur für sich zu nutzen.

Das Gleiche können Sie auch mit Morgentau durchführen. Dafür sammeln Sie Morgentau, indem Sie ein Leintuch auf eine Wiese legen, das den Morgentau aufsaugt. Man kann diese Tücher dann für viele Zwecke verwenden, sie bringen viel Glück, Gesundheit und natürlich auch Kraft.

Wie Sie sehen, kann man mit dem Element Wasser sehr vielseitig arbeiten. Schamanen verwenden Wasser seit tausenden von Jahren, denn Wasser ist Magie, und Magie ist Wasser ...

RITUAL  97

ELEMENTARE MAGIE MIT DEM ERDELEMENT

Sie brauchen:
- 50 Gramm Sand
- 10 ml Wasser
- Zettel
- Stift

Man kann dieses Ritual statt mir Erde auch mit Sand durchführen, denn auch Sand ist ein Erdelement und symbolisiert die Erde. Sammeln Sie am Strand etwas Sand, und bringen Sie ihn mit nach Hause. Sollten Sie keinen Strand in der Nähe haben, kaufen Sie einfach etwas Sand in einem Baumarkt. Mischen Sie den Sand dann mit wenig Wasser, nehmen Sie einen Zettel und gehen Sie folgendermaßen vor: Schreiben Sie auf den Zettel den Namen Ihres Liebsten/Ihrer Liebsten und alles, was Sie ihm/ihr sagen möchten. Nehmen Sie jetzt den Sand, legen Sie ihn auf das Blatt Papier und versuchen Sie, das Blatt so zusammenzufalten, dass der Sand auf dem Papier bleibt. (Sie können auch eine Art kleine Tasche aus dem Zettel basteln, indem Sie die Ecken des Blattes zusammenkleben.)

Vergraben Sie dieses kleine Päckchen unter einer Eiche oder einem Ahorn. Sollten Sie keine Möglichkeit haben, das Zettelchen mit dem Sand zu vergraben, legen Sie es einfach unter einem der oben genannten Bäume aus. Versuchen Sie dabei aber, den Zettel möglichst nahe an die Wurzel zu bringen.

Dieses Ritual ist sehr alt und wird von den Schamanen Sibiriens bis heute angewendet.

RITUAL 98

ZAUBER AM MEER

Sie brauchen:
- Meereswellen

Zaubern Sie am Meer! Sie sollten Ihre Liebesrituale überhaupt so oft wie möglich in der freien Natur durchführen ... Besonders gut gelingen sie aber an einem Strand, vielleicht in Ihrem nächsten Urlaub.

Gehen Sie ins Meer, strecken Sie Ihre Arme aus und versuchen Sie, die Wellen zu spüren. Die Wellen des Ozeans bergen wunderbare Kräfte in sich, die auch Ihre Liebe unterstützen können. Sie bringen Ihnen sehr viel Liebe und sehr viel Kraft. Während Sie die Wellen spüren, stellen Sie sich vor, dass die Liebe in jeder Welle vorhanden ist. Laufen Sie am besten in die ankommenden Wellen, und danken Sie den Wellen, die diese Liebe mitbringen. Drehen Sie sich mehrmals im Wasser um, und sagen Sie:

"Element Wasser, Welle für Welle, höre meine Wünsche und bringe mir viel Glück. Ich möchte, dass

meine Liebe, die universelle Liebe und die Liebe des Wassers mich zu meinen Zielen bringt."

Gehen Sie anschließend aus dem Meer, und lassen Sie das Wasser auf Ihrem Körper von der Sonne trocknen.

Danach werden Sie bemerken, dass Sie eine fantastische Ausstrahlung haben und dass die Menschen Sie mehr denn je wahrnehmen. Auch Ihrem Liebsten oder Ihrer Liebsten werden Sie auffallen.

Die Wasserrituale wirken am stärksten, wenn sie im Sommer durchgeführt werden (wobei die Russen diese Rituale auch im Winter beim Eisbaden zelebrieren ...).

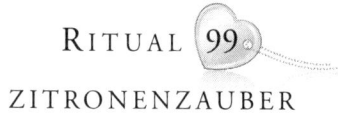

RITUAL 99

ZITRONENZAUBER

Sie brauchen:
- Zitrone
- Stift
- roten Faden

Auch mit einer Zitrone kann man zaubern. Tun Sie dazu Folgendes: In der Früh, wenn Sie aufgewacht sind, stehen Sie auf, und bevor Sie Ihren Kaffee trinken, nehmen Sie bitte eine Zitrone und schälen sie; die Zitronenschale muss dabei nicht ganz bleiben, denn für dieses Ritual brauchen Sie nur zwei Stückchen von der Schale. Schreiben Sie auf beide Schalenstückchen Ihren eigenen Namen und darunter auch den Namen des Liebsten/der Liebsten. Legen Sie die Stückchen zusammen, Text zu Text, binden Sie sie mit einem roten Faden zusammen und legen Sie sie als Amulett in Ihre Tasche. Nehmen Sie dieses Bündel aber abends aus der Tasche heraus, und legen Sie es, wenn Sie ins Bett gehen, unter Ihr Kissen. In der Früh kommen die Stückchen wieder in Ihre Tasche. Es kann passieren, dass Sie in dieser Zeit sehr intensiv träumen.

Mit Zitronen kann man generell sehr viel Magisches bewirken. Man kann aus einer Zitronen- oder aus einer Orangenschale z. B. einen (schamanischen) Engel basteln. Dies machen ab und zu sogar meine Seminarteilnehmer. Also, versuchen Sie es doch einmal mit Zitronen- oder Orangenschalen, es bringt

Ihnen viel Liebe und natürlich auch einen guten Ausgleich.

RITUAL 100

ORANGENSCHALEN-RITUAL

Sie brauchen:
- Orange
- zwei Zettel
- Stift

Romantische Liebe und die Sehnsucht nach einem besonderen Menschen, das sind die Gefühle, die sich jeder von uns wünscht. Dabei ist es egal, wie alt oder jung wir sind, denn Liebe kennt kein Alter. So können Sie sich in jedem Alter etwas Besonderes wünschen und zaubern. Dazu brauchen Sie auch keine besonderen Hexenkräuter, sondern selbst mit einer Orangenschale kann man sehr viele Liebesrituale durchführen.

Nehmen Sie eine Orange, schälen Sie sie aber nicht, sondern halbieren Sie sie. Versuchen Sie, das Fruchtfleisch so herauszunehmen, dass die Schale erhalten bleibt und nicht kaputt geht. Sie wird dann getrocknet.

Nehmen Sie dann zwei Zettel, und schreiben Sie Ihren Namen sowie den Namen Ihres Liebsten/Ihrer Liebsten auf beide dieser Zettel. Diese beiden Zettel kommen in die Schale hinein und werden darin aufbewahrt. Achten Sie aber darauf, dass die Schale richtig gut getrocknet ist, so dass sie nicht schimmelt.

RITUAL 101

EFEUZAUBER

Sie brauchen:
- zehn Efeuzweige
- Schnur
- Seidenfaden

Warten Sie schon lange auf Ihren Lebenspartner? An dieser Stelle möchte ich daher den Efeu als Zutat für ein Liebesritual vorstellen, denn er ist für seine starken Kräfte bekannt, Efeu kann Liebe und Schönheit verleihen.

Besorgen Sie sich 10 Efeuzweige oder mehrere Efeublätter, und binden Sie die Zweige mit einer Schnur zu einem Kranz zusammen. Dieser kleine Kranz sollte um Ihr Handgelenk reichen. Fixieren Sie ihn mit etwas Seidenfaden. Wenn der Kranz fertig ist, streifen Sie ihn über das Handgelenk, schließen die Augen und machen Folgendes: Versuchen Sie, die Kräfte des Efeus zu spüren, berühren Sie die Blätter mit der anderen Hand und stellen Sie sich vor, dass die Blätter Ihren ganzen seelischen und körperlichen Schmerz auf sich nehmen und Ihnen entziehen. Anschließend nehmen Sie den Kranz von Ihrem Handgelenk ab, trocknen ihn und bewahren ihn unter Ihrem Bett auf. Die geistige Kraft des Efeus (jede Pflanze hat übrigens solche Kräfte) verleiht Ihnen Gelassenheit und Stärke und bringt Liebe ins Haus.

Stellen Sie sich bei diesem Ritual auch vor, dass der Efeu Ihnen Schönheit verleiht und dass diese auf andere Menschen sehr stark wirkt. Wünschen Sie sich einfach viel Glück, Schönheit und Freude.

RITUAL 102

ZAUBER MIT STROHHALMEN

Sie brauchen:
- Strohhalme
- Klebstoff
- roten Faden

Um die Liebe einer bestimmten Person zu erwecken, verwenden Magier/innen oft Pflanzen und Bäume. Wenn Sie keine Möglichkeit haben, Bäume oder Pflanzen in Ihrer Umgebung zu finden oder gar im eigenen Garten einzupflanzen, können Sie natürlich auch Stroh bei Ritualen verwenden, die Wirkung des Rituals bleibt erhalten. Strohhalme wirken schnell, ihnen werden viele magische Kräfte zugesprochen und seit Druidenzeit wird damit auch Magie betrieben.

Besorgen Sie sich einige Strohhalme, z. B. in einem Bastellladen oder eben auf einem Feld. Für dieses Ritual brauchen Sie auch kaum etwas anderes, nur Strohhalme und viel, viel Konzentration. Machen Sie nun Folgendes: Binden Sie drei Strohhalme zusammen, oder kleben Sie sie mit Kleber zusammen.

Besorgen Sie sich zusätzlich einen roten Faden, und knoten Sie den Faden um die Halme herum. Währenddessen sollten Sie sich vorstellen, dass diese Halme die Menschen sind, die an Sie gebunden werden sollen, wenn dies für alle Beteiligten sinnvoll ist (bedenken Sie den freien Willen jeder Person, dessen Schutz oberste Priorität haben sollte!). Sie können sich ebenfalls vorstellen, dass Ihr Partner/Ihre Partnerin bzw. eine andere Person an Sie gebunden wird. Bitten Sie um geistige Führung, und bitten Sie darum, dass diese Person zu Ihnen kommt, falls das Universum das erlaubt.

Legen Sie den Strohknoten anschließend unter Ihr Kopfkissen, und stellen Sie sich beim Einschlafen vor, dass aus diesem Strohbündel ein goldenes, strahlendes Licht kommt. Genießen Sie diese Erscheinung einige Augenblicke lang. In der Früh dürfen Sie die Strohhalme in einem Feuer verbrennen. Löschen Sie es anschließend wieder, und freuen Sie sich auf die Liebe ...

RITUAL  103

FRAUENRITUAL

Sie brauchen:
- Bäumchen
- Stück Holz
- Stück Baumwolle
- zwei farbige Baumwollstreifen

Dieses Ritual ist Magie nur für Frauen ... Das klingt gut, nicht wahr? Das klingt im ersten Moment ein bisschen nach Selektion, aber tatsächlich wird diese Form der Rituale schon seit Jahrtausenden ausgeübt, denn in früheren Zeiten wurde Magie in erster Linie von den "weisen Frauen oder Hexen" ausgeführt. Folgendes Ritual ist ebenfalls speziell für und von Frauen gemacht, es ist einfach wunderbar.

Wenn Sie im Wald ein kleines Bäumchen finden, wird es Ihnen und Ihrem Partner/Ihrer Partnerin viel Kraft und Gesundheit und auch eine feste Partnerschaft bringen. Wenn Sie ein solches Bäumchen gefunden haben, nehmen Sie es mit nach Hause. Sie können natürlich auch ein kleines Bäumchen kaufen, das Sie einpflanzen. Beim Einpflanzen des

Bäumchens sollten Sie ein kleines Stückchen Holz, einige verschiedene Blätter und einige Stückchen Baumwollstoff unter die Wurzel legen. Anschließend sollten beide oder einer von Ihnen zwei kleine farbige Baumwollstreifen um das Bäumchen binden, das kann am Stamm sein oder Sie können die Bänder an einem Zweig befestigen.

Nach dem Ritual sollten Sie sich wünschen, dass Ihre Liebe nie vergeht und immer viel, viel Freude bringen wird. Die Liebe muss wachsen, so wie dieser Baum. Das sollten Sie miterleben! Vergessen Sie daher bitte nicht, dass das Bäumchen auch immer wieder Wasser braucht. Also, wässern Sie es gut, und streicheln Sie immer wieder die Blätter. Sprechen Sie mit dem Baum, so wächst er schneller.

Statt eines Bäumchens können Sie natürlich auch jede andere langjährige Pflanze verwenden. Zur Sicherheit können Sie auch ein paar Blätter von diesem Baum bzw. der Pflanze trocknen und irgendwo in einem Heft oder einem Buch aufbewahren. Pflegen Sie Ihre Pflanze oder diesen Baum mit Liebe, so werden Sie auch Ihre Lebenskraft und Ihre Liebe beschützen können.

RITUAL 104

ROTES KRÄUTERHERZ

Sie brauchen:
- 1 EL Sandelholz
- 2 EL Zimt
- 1/2 EL Basilikum
- 1/2 EL Talkum
- 2 Tropfen Olivenöl
- 2 Tropfen Weihrauchöl
- 2 Tropfen Rosenöl
- 1 kleines rotes Herz aus Stoff

Dieses Ritual zieht die Liebe magisch an. Man nimmt dafür einen Esslöffel gemahlenes Sandelholz und mischt diese Menge mit zwei Esslöffeln Zimt. Mischen Sie beide Zutaten gut durch, und geben Sie dann getrocknetes Basilikum und Talkum aus der Apotheke dazu. Vermengen Sie die Zutaten erneut. Nun träufeln Sie je 2 Tropfen Oliven-, Weihrauch- und Rosenöl darüber und geben die Hälfte davon in ein kleines Herz aus rotem Stoff. Anschließend sollten Sie die Füllöffnung des Stoffherzens zunähen.

Tragen Sie das Herz bei sich, oder hängen Sie es über Ihr Bett. Den Rest der Liebesmischung können Sie dort verstreuen, wo sie wirken sollte, z. B. auf einer Tasche, auf Ihrer oder der Kleidung des Partners, auf einem Liebesbrief oder Ähnlichem.

RITUAL 105

MOND-RITUAL

Sie brauchen:
- Spiegel
- Glas Wasser

Seit ewigen Zeiten gibt es auf der ganzen Welt schon Mondmagierituale, die zur Erfüllung von Wünschen aller Art verwendet werden. Sie können ein solches Ritual selbst ausprobieren, indem Sie bei Neumond mit einem Spiegel arbeiten.

Nehmen Sie einen normalen Spiegel, und legen Sie ihn auf das Fensterbrett, so dass der Mond sich in diesem Spiegel widerspiegelt. Stellen Sie ein Glas Wasser dazu, und sprechen Sie folgendes Gebet:

"Kraft des Mondes, Kraft der Schönheit, Kraft der Quelle, helft mir, meinen Liebsten/meine Liebste, meine Geliebte/meinen Geliebten zu gewinnen, ihn/sie zu mir zu holen und zu behalten."

Versuchen Sie, das Licht des Mondes zu spüren, und stellen Sie sich vor, dass Sie das Mondlicht einatmen. Atmen Sie das Mondlicht 12-mal ein und aus. Dann legen Sie den Spiegel wieder weg.

Lassen Sie das Wasserglas einfach auf dem Fensterbrett stehen, in der Früh können Sie das Wasser trinken.

Dieses Ritual kann mehrere Male wiederholt werden.

RITUAL 106

RITUAL MIT EINER HAARLOCKE

Sie brauchen:
- Haarlocke
- Spiegel

Eine Alternative zum obigen Ritual bietet folgendes. Schneiden Sie sich eine kleine Locke von Ihren Haaren ab, und hängen Sie diese Strähne an einen Spiegel. Den Spiegel platzieren Sie auf einem Fensterbrett, so dass das Mondlicht in ihm sichtbar ist. Lassen Sie den Spiegel auf dem Fensterbrett liegen, und sprechen Sie folgenden Satz:

"Lieber Mond, du sollst mithelfen. Ich wünsche mir, dass mein liebster Partner/meine liebste Partnerin zu mir findet. Ich wünsche uns viel Gesundheit, viel Glück und viel Liebe. So wie das Mondlicht scheint, so soll mein Partner/meine Partnerin zu mir finden."

Lassen Sie den Spiegel mit der Strähne bis zum zunehmenden Mond auf dem Fensterbrett liegen.

Dieses Ritual könnte auch an einem abnehmenden Mond durchgeführt werden.

RITUAL 107

MÄCHTIGES MESSERRITUAL

Sie brauchen:
- Messer
- Bettkissenbezug
- Blume

Auch mit einem Messer kann man eine ganze Menge Rituale durchführen, und Messer hatten immer schon eine besondere Bedeutung für die Liebe. Sie sind ein sehr, sehr mächtiges Werkzeug. Verwenden Sie sie aber nur für gute Zwecke, um mehr Liebe und Lebenskraft zu erlangen.

Kaufen Sie ein neues Messer generell an einem Donnerstag, das Messer muss nicht teuer sein, dafür aber scharf. Streichen Sie mit Ihrer linken Hand leicht über das Messer, so dass Sie sich nicht verletzen, und wünschen Sie sich Wohlstand, Gesundheit, Glück und viel Liebe. Sie können sich dabei auch auf eine besondere Person konzentrieren.

Zum Schluss legen Sie das Messer in einen Bettkissenbezug und wickeln es darin ein. Legen Sie eine kleine Blume oder ein Kraut darauf, und bewahren Sie es an einem ruhigen, dunklen Ort auf.

RITUAL 108

HUFEISEN FÜR DIE LIEBE

Sie brauchen:
- Hufeisen
- Zucker
- weiße Kerze

Hufeisen gehören zu den bekanntesten und beliebtesten Liebeswerkzeugen, und mit dem folgenden Hufeisenritual kommt viel Liebe in Ihr Haus. Wenn Sie ein Hufeisen finden, nehmen Sie es unbedingt mit nach Hause. Bestreuen Sie es mit etwas Zucker, und lassen Sie es bis zum Vollmond auf einem Tisch liegen. Wenn die Vollmondnacht kommt, nehmen Sie das Hufeisen in Ihre Hand und wünschen sich, dass Sie mit Ihrem Liebsten/Ihrer Liebsten viel Glück und Segen erfahren, dass sie zusammenfinden und zusammenbleiben. Sagen Sie dazu auch ein kurzes Gebet auf:

"Lieber Mond und liebe Mondgöttin, erfüllt meine Träume und bringt mir viel Segen. Amen. Amen. Amen."

Gebete sind äußerst wichtig, denn die Worte sind die Flügel der Menschen ...

Anschließend sollten Sie eine weiße Kerze anzünden, sie bis zur Hälfte abbrennen lassen und das Hufeisen um sie herum legen. Lassen Sie alles 10 Tage lang liegen, danach können Sie die Kerze wegwerfen und das Hufeisen in einem Schrank aufbewahren.

RITUAL 109

ZIMTSTANGEN-ZAUBER

Sie brauchen:
- Zimtstangen
- Schnur
- Foto der gewünschten Person

In meinen Seminaren erzähle ich sehr oft, das man auch mit Zimtstangen Liebesrituale durchführen kann, denn der Zimt gilt schließlich als Liebesduft. Außerdem bringen Zimtstangen viel Glück.

Nehmen Sie vier Zimtstangen, und binden Sie alle mit einer Schnur zusammen. Legen Sie das Bündel auf das Foto Ihrer liebsten Person, und lassen Sie es dort ruhen. Nach ungefähr einer Woche sollten Sie die Zimtstangen wegnehmen und vergraben. Sie werden sehen, dass das Glück Sie nicht verlassen wird und einige glückliche Ereignisse eintreffen werden.

RITUAL 110

SPIEGELMAGIE

Sie brauchen:
- Spiegel
- Kerze

Wenn Sie Ihrer Beziehung neuen Schwung verleihen möchten, sollten Sie folgenden Zauber durchführen: Besorgen Sie sich einen schönen Spiegel, der nicht unbedingt groß sein muss. Stellen Sie den Spiegel auf einen Tisch, und zünden Sie eine Kerze an. Stellen Sie die Kerze vor den Spiegel, und denken Sie intensiv an Ihren Wunsch. Währenddessen sollten Sie sich bzw. Ihr Gesicht im Spiegel betrachten. Dieser Vorgang dauert gut 15 Minuten. Stellen Sie sich dabei vor, dass Sie bereits eine harmonische Beziehung leben. Anschließend löschen Sie die Kerze, nehmen den Spiegel in beide Hände und legen ihn an einen hellen Platz, zum Beispiel auf ein Fensterbrett. In die Nähe des Spiegels sollten Sie Blumen oder Pflanzen stellen.

So werden Sie viel Glück erleben, und Ihre Beziehung bekommt neuen Schwung. Sie werden

auch bemerken, dass Ihr Charakter sanfter wird –
und ein Mensch mit einem sanften Charakter macht
sich und andere glücklich.

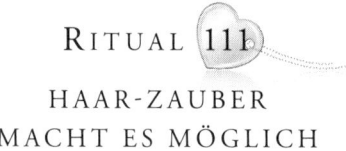

RITUAL 111

HAAR-ZAUBER
MACHT ES MÖGLICH

Sie brauchen:
- einige Haare
- Birkenzweig
- Glas Wasser
- Seidentuch
- einen Faden

Buddhisten und Schamanen führen viele verschiedene Rituale mit Haaren durch, und auch das
folgende Ritual bringt relativ kurzfristig viel Glück
und Liebe in Ihr Haus.

Sie brauchen für dieses Ritual einige Haare der
geliebten Person, einen Birkenzweig, ein Glas Wasser und viel Ruhe. Legen Sie alles auf einen Tisch

oder in ein Seidentuch, und beginnen Sie damit, ein Gebet zu lesen. Sagen Sie in dem Gebet, das Sie selbst zusammenstellen, dass Sie die geliebte Person für sich gewinnen möchten, für immer behalten möchten und dass Sie auch selbst geliebt werden wollen. Beten Sie so, wie Sie es für richtig halten. Meditieren Sie so eine halbe Stunde, und falten Sie das Seidentuch anschließend zusammen. Binden Sie das Tuch mit einem kleinen dünnen Seil oder einem Faden zusammen, schauen Sie sich in einem Spiegel ungefähr eine Minute lang an und werfen Sie das Tuch dann weg. Dann setzen Sie sich wieder auf, schließen Ihre Augen und stellen sich vor, wie alles Schlechte von Ihnen und aus Ihrem Umfeld verschwindet.

Führen Sie dieses Ritual möglichst oft durch, dann werden Sie bald zu Ihrem Glück kommen. Der Vorgang bewirkt Anziehung, Liebe und positive Gedanken, und Sie können Ihrem Liebsten/Ihrer Liebsten Ihre Liebe übermitteln.

RITUAL 112

MUSCHELN FÜR IHR GLÜCK

Sie brauchen:
- Muscheln
- Blatt Papier
- Klebstoff
- Sand

Am Strand gesammelte Muscheln ziehen viel Glück in Ihr Leben, und es gibt ein Ritual, das mit Hilfe einer großen oder mehrerer kleiner Muscheln durchgeführt wird.

Sammeln Sie hierfür einige Muscheln, wobei Sie eine große oder 12, 24 oder 36 kleine finden sollten. Kleben Sie dann alle Muscheln auf ein Blatt Papier. Wenn die Muscheln aufgeklebt sind, streichen Sie etwas Kleber auf die Muscheln und bestreuen sie mit Sand, denn Sand ist ein Zeichen des Glücks und der Ewigkeit, und so wird das Glück angezogen. Legen Sie dieses Bild irgendwo zu Hause aus, wo es niemand sehen kann. Um das Ritual zu verstärken, können Sie auch noch ein paar Federn oder ein paar Blätter auf das Bild aufkleben.

RITUAL 113

EDELSTEIN-ZAUBER

Sie brauchen:
- mehrere Edelsteine
- Samtbeutel
- 12 weiße Kerzen
- Zettel

Auch mit verschiedenen Edelsteinen oder ganz normalen Steinen kann man Rituale für die Liebe durchführen. Suchen Sie sich mehrere Steine aus, am besten 12 verschiedene, die Größe der Steine spielt allerdings überhaupt keine Rolle. Die Steine können auch geschliffen oder roh sein, Sie können sogar mehrere kleine Kristalle nehmen, aber dies verstärkt nicht die Wirkung des Rituals.

Legen Sie die Steine an einem sonnigen Tag im Freien aus, und lassen Sie sie die Energie der Sonne aufnehmen. Legen Sie anschließend die Steine über Nacht in einen Samtbeutel, und danken Sie Mutter Erde dafür, dass sie Ihnen diese wunderbaren Steine gegeben hat. Am nächsten Tag nehmen Sie die Steine aus dem Beutelchen heraus, platzieren alle auf einen

Haufen, zünden 12 weiße Kerzen an und lassen sie abbrennen. Danach werden die Steine wieder in ein Beutelchen hineingelegt, dazu legen Sie noch einen Zettel, worauf Sie den Namen Ihres Liebsten/Ihrer Liebsten und Ihren eigenen Namen schreiben. Bewahren Sie dieses Beutelchen an einem dunklen Ort auf, und berühren Sie ab und zu die Steine, denn dies bringt eine schnellere Wunscherfüllung.

RITUAL  114

SPIEGEL-ZAUBER AUS RUSSLAND

Sie brauchen:
- Spiegel
- etwas Wachs

An dieser Stelle möchte ich noch ein Ritual mit einem Spiegel vorstellen, das äußerst wirkungsvoll ist – nicht umsonst ist der Spiegel in Russland das Thema vieler Legenden ...

Nehmen Sie einen kleinen Spiegel, halten Sie ihn einige Minuten lang in der Hand und wünschen Sie sich, dass Ihr Liebster/Ihre Liebste zu Ihnen findet. Dieses kleine Spiegelchen sollten Sie anschließend für drei Nächte unter Ihrem Bett liegen lassen. Schreiben Sie danach mit einem Lippenstift den Namen Ihres Liebsten/Ihrer Liebsten auf den Spiegel. Legen Sie den Spiegel dann bei Mondlicht aus, und lassen Sie ihn über Nacht am Fenster liegen, so dass er das Mondlicht reflektieren kann. Sie sollten sich anschließend in diesem Spiegel anschauen, sich noch einmal die geliebte Person vorstellen und sich wünschen, dass sie Ihre Liebe erwiedert.

Waschen Sie den Spiegel danach ab, und befestigen Sie an seiner Rückseite etwas Kerzenwachs. Bewahren Sie den Spiegel in einer Schublade auf.

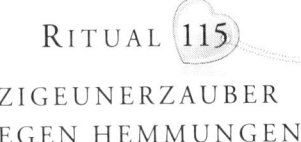

RITUAL 115

ZIGEUNERZAUBER GEGEN HEMMUNGEN

Sie brauchen:
- Glas Wein
- Zettel

- Stift
- Ring

Als Nächstes möchte ich Ihnen einen Zigeuner-Zauber verraten. Nehmen wir an, Sie haben jemanden im Kopf, den Sie sehr, sehr lieben. Es sieht auch so aus, dass diese Person Sie auch sehr mag, sie traut sich aber nicht, Ihnen das zu sagen. Um die Hemmungen dieser Person aufzulösen, gibt es folgenden Trick: Nehmen Sie an einem Abend ein Glas Wein, am besten ist ein trockener Rotwein geeignet, und stellen Sie das Glas auf den Tisch. Nehmen Sie einen Zettel, und schreiben Sie den Namen Ihres Liebsten/Ihrer Liebsten darauf. Dann nehmen Sie einen Ring, der Ihnen gehört, legen diesen Ring auf den Zettel und lassen ihn ungefähr eine Stunde lang dort liegen. Nehmen Sie den Ring nach dieser Zeit in die Hände, und legen Sie ihn in das Glas Wein. Nun sollten Sie mit beiden Händen das Glas halten, den Wein anschauen und sich von ganzem Herzen wünschen, dass die Person, an die Sie gerade gedacht haben, auf Sie zugeht. Sagen Sie laut den Namen des Liebsten/der Liebsten, und nennen Sie auch Ihren Namen. Nehmen Sie dann den Ring aus dem Glas, trinken Sie den Wein aus und genießen Sie den Abend ...

RITUAL  116

WEISSWEIN-ZAUBER

Sie brauchen:
- Glas Weißwein
- Ring
- Zettelchen
- roter Faden

Binden Sie zunächst den Ring an den roten Faden, so dass Sie ein Pendel erhalten. Schreiben Sie auf den Zettel den Namen des Liebsten/der Liebsten, und nehmen Sie das Pendel in die Hand. Stellen Sie das Glas mit dem Weißwein auf den Zettel, und pendeln Sie über dem Glas so lange, bis Sie sich auf den Liebsten/die Liebste konzentriert haben. Wenn Sie an den Liebsten/die Liebste denken, sagen Sie 10-mal seinen/ihren Namen. Tauchen Sie den Ring in den Wein, und lassen Sie ihn drei Minuten darin ruhen. Trinken Sie anschließend den Wein, und ziehen Sie den Ring an. Tragen Sie den Ring, bis der Liebste/die Liebste sich gemeldet hat.

RITUAL 117

PARTNERWUNSCH

Sie brauchen:
- schwarzen Stoff
- Glas Wasser
- Kerzen

Wenn Sie niemanden im Herzen haben, sich jedoch einen Partner wünschen, sollten Sie folgendes Ritual durchführen, denn es ermöglicht es Ihnen, den Liebsten/die Liebste zu erkennen.

Stellen Sie auf den schwarzen Stoff ein Glas Wasser (es kann auch eine Vase sein), und lassen Sie eine Kerze links oder rechts vom Glas brennen. Setzen Sie sich davor, und konzentrieren Sie sich auf das Glas mit dem Wasser. (Dieser Vorgang ist ähnlich wie das Wasserlesen, eine alte russische Methode, die ich in meinem Buch *"Das geheime Wissen"* beschrieben habe.) Versuchen Sie, sich auf sich selbst zu konzentrieren und in sich zu gehen. Machen Sie die Augen zu, und zählen Sie von 100 auf 0 in Zweierschritten, damit Sie Ihren Kopf frei bekommen. Machen Sie anschließend die Augen auf, und schauen Sie wieder ins Wasser. Sie werden beim ersten Mal möglicherweise schon ein Gesicht erkennen, das Ihnen sehr vertraut ist. Das wird Ihr Liebster/Ihre Liebste sein. Dieser Vorgang ist mehrmals zu wiederholen, Sie werden immer mehr erkennen, mehr wissen und mehr fühlen.

RITUAL 118

LIEBESBAUM-ZAUBER

Sie brauchen:
- Ebereschenbeeren
- Feuer

Finden Sie eine Eberesche. Dieser Baum ist sehr magisch und bringt sehr, sehr viel Glück. Die Eberesche gilt weltweit schon seit tausenden von Jahren als Heil- und Liebesbaum. Pflücken Sie die Ebereschen direkt vom Baum, die Beeren müssen rot sein. Bringen Sie diese Beeren nach Hause, und werfen Sie ein paar davon in ein sicheres Feuer (Sie können ein paar Beeren auch in einem Aschenbecher verbrennen). Halten Sie die restlichen Beeren in Ihrer Hand, und streuen Sie sie vor Ihrer Haustür aus. Während Sie die Beeren fallen lassen, sollten Sie den Namen der Person, die Sie lieben, laut sagen. Tun Sie dies vier Mal. Anschließend wiederholen Sie den Namen noch einmal, sammeln die Beeren, die Sie verstreut haben, und verbrennen sie anschließend in einem Kamin oder in einem Aschenbecher. Als Alternative hierzu bietet sich das nächste Ritual an.

RITUAL 119
EBERESCHENVORGANG

Sie brauchen:
- Ebereschenbeeren

Wie beim vorigen Ritual brauchen Sie auch hier wieder Eberescheenbeeren, die in diesem Ritual allerdings nicht verbrannt werden. Nehmen Sie die Beeren in die Hand, und streuen Sie sie um sich herum. Lassen Sie so viele Beeren herunterfallen, wie Sie möchten.

Dieses Ritual ist dafür gedacht, den Namen der liebsten Person herauszufinden, wenn Sie sie noch nicht getroffen haben. Der Unbekannte, der Sie findet, hat einen Namen, der mit dem Buchstaben anfängt, den die Beeren zeigen.

"Aber wie zeigen das die Beeren?", mögen Sie fragen. Nun, Sie sollten die heruntergefallenen Beeren einsammeln und zählen. Wie viele haben Sie? Diese Zahl zeigt Ihnen den Buchstaben im Alphabet, der den ersten Buchstaben des Vornamens bildet, bei 12 Beeren wäre das zum Beispiel ein L.

RITUAL 120

PENDELRITUAL

Sie brauchen:
- Pendel
- einen Gegenstand der geliebten Person

Man kann auch mit einem ganz normalen Pendel oder mit einer Rute Liebesrituale durchführen. Sie kennen bestimmt schon viele Vorgänge, die mit einem Pendel durchgeführt werden: Man kann Wasseradern oder verschwundene Objekte finden, für sich gute Kosmetika auspendeln und bei Allergien Produkte testen. Geistheiler machen noch mehr mit dem Pendel: Sie können Chakren ausgleichen, negative Energien aus dem Körper und aus den Organen ausleiten und damit den Körper wieder in Schwung bringen.

Aber auch in Liebesfragen kann man mit einem Pendel sehr gute Antworten finden. Nehmen Sie dazu ein Pendel Ihrer Wahl, um herauszufinden, ob eine Person zu Ihnen passt und Sie glücklich machen wird. Besorgen Sie sich etwas von dieser Person, das kann ein Handtuch, eine Socke oder irgendetwas anderes sein, z. B. eine Uhr oder Besteck, mit dem diese Person gegessen hat. Sie können auch ein Foto von dieser Person verwenden.

Gehen Sie dann mit dem Pendel über den Gegenstand, und versuchen Sie zu pendeln. Wichtig ist, dass das Pendel ungefähr fünf Zentimeter von dem Objekt entfernt ist. Denken Sie an die Person, und schauen Sie auf das Pendel. Sollte das Pendel links/rechts pendeln, heißt das, dass diese Person gar nicht zu Ihnen passt. Sollte sich eine Kreisbewegung ergeben, passt diese Person energetisch sehr gut zu Ihnen. Sollte das Pendel sehr unruhig sein, könnte das eine sehr unruhige Beziehung werden. – Sie müssen also immer darauf achten, in welche Richtung sich das Pendel bewegt. Geht es rechts herum im Uhrzeigersinn, deutet das immer auf eine positive Antwort hin. Geht es gegen den Uhrzeigersinn, bedeutet das "nein".

Mit diesem leichten Ritual können Sie immer wieder jede Person abchecken und prüfen, ob sie zu Ihnen passt – und nicht nur in Liebesfragen. Sollte die Person zu Ihnen passen, so können Sie sich auch bei diesem Vorgang wünschen, dass diese Person zu Ihrem Herz findet und zu Ihnen kommt. Denn durch das Pendel können auch sehr viele gute Energien sowie auch Liebe an diese Person übertragen werden. Sie müssen nur daran glauben.

RITUAL 121

KOHLE-ZAUBER

Sie brauchen:
- ein Stück Kohle
- ein paar Tropfen Öl
- Blatt Papier
- Stift
- Kamin

Russen führen viele verschiedene Liebesrituale mit Kohle durch, und auch schon meine Oma hat mit Kohle gearbeitet. Sie können sich durch Kohle sehr viele Wünsche erfüllen und Neues anziehen, aber auch Liebe und Glück gewinnen.

Sie können auch folgendes Liebesritual zelebrieren: Nehmen Sie ein Stück Kohle, und reiben Sie es mit etwas Öl ein. Versuchen Sie, es etwas zu polieren, so dass es glänzt. Stellen Sie sich dabei fest vor, dass Sie die Jahrtausende alte Kraft der Kohle in sich aufnehmen. Reiben Sie die Kohle weiter, und stellen Sie sich vor, dass die Person, die Sie lieben, neben Ihnen steht. Stellen Sie sich weiter vor, dass diese Person auf Sie zugeht und Sie sie umarmen und küssen. Anschließend stellen Sie sich vor, dass die Person Sie auch umarmt und weiterhin küsst, so dass Sie tiefe Liebe spüren.

Legen Sie nun die Kohle weg, schreiben Sie einen kleinen Brief an die Person und verbrennen Sie dieses Zettelchen mit der Kohle zusammen in einer sicheren Feuerstelle. Am besten dafür geeignet ist natürlich der Kamin. Eine Alternative bietet folgender Vorgang:

RITUAL 122

KAMINRITUAL

Sie brauchen:
- ein Stück Kohle
- einen Birkenzweig
- Kamin oder andere Feuerstelle

Dieses Ritual wird ebenfalls wieder mit Kohle durchgeführt. Suchen Sie sich ein Stück Kohle, und spucken Sie darauf. Legen Sie das Stück dann in ein Feuer oder in einen Kamin, und zünden Sie das Feuer an. Dieses Stück Kohle sollte entflammt werden und brennen. In dem Moment, in dem es zu brennen anfängt, sollten Sie noch einen Birkenzweig dazu legen und sich wünschen, dass der Partner bzw. die Person, die Sie lieben, zu Ihnen findet. Stellen Sie sich fest vor, dass diese Person Sie innig liebt, küsst und Sie nie verlassen wird. Beobachten Sie, wie das Stück Kohle glüht und brennt. Schauen Sie direkt in die Flamme! So wird die Liebe dieser Person für Sie glühen, von Tag zu Tag, von Jahr zu Jahr, denn die warme Glut symbolisiert Liebe und Zuneigung. Löschen Sie dann das Feuer.

RITUAL  123

SCHAMANEN-ZAUBER

Sie brauchen:
- einen Korken

Nun möchte ich Ihnen auch noch ein schamanisches Ritual vorstellen, denn Schamanen arbeiten auch mit Liebesmagie. Wie Sie wissen, nehmen Schamanen, so wie auch die Zigeuner, für ihre Rituale nur einfache Dinge. Sie verwenden Kohle, Korken, Öle, Blätter, Blumen und Pflanzen. Dieses Ritual nun wird mit einem Korken durchgeführt. Suchen Sie sich einen Korken aus, es muss kein Korken von einem teuren Champagner sein, es kann auch ein ganz normaler Korken von einer Weinflasche sein. Aber auch mit einem einfachen Stück Kork von einem Fußboden können Sie dieses Ritual durchführen.

Nehmen Sie den Korken in die Hand, denn er sollte durch Ihre Hand erwärmt werden. In dem Moment, in dem Sie den Korken in der Hand halten, sollten Sie daran denken, dass Ihr Liebster/Ihre Liebste zu Ihnen findet. Sollte es eine dritte Person geben, die stört, eine Konkurrentin oder ein Konkurrent, wünschen Sie sich, dass diese Person verschwindet. Legen Sie den Korken anschließend beiseite.

Am nächsten Tag nehmen Sie den Korken wieder in die Hand und schneiden ihn auseinander. Machen Sie drei Teile daraus, Sie können ihn auch vierteln. Der erste Teil wird vergraben, der zweite Teil wird verbrannt und der dritte Teil wird in einen Fluss geworfen. Sollten Sie vier Teile haben, behalten Sie das vierte Stück bei sich, Sie können es unter Ihrem Bett aufbewahren.

Dieses Ritual ist sehr alt, und die Schamanen der ganzen Welt führen diesen Zauber seit Jahrhunderten durch. Sollten Sie später noch irgendwelche Wünsche haben, können Sie mit dem Korkenritual auch Ihre Wunscherfüllung unterstützen. Denken Sie dabei einfach statt an Ihren Partner an Ihre Wünsche.

RITUAL 124

MARIENKÄFER-RITUAL

Sie brauchen:

- einen lebendigen Marienkäfer

Dieses Ritual ist sehr einfach. Sollten Sie einen Marienkäfer finden, nehmen Sie ihn vorsichtig in die Hand, und wünschen Sie sich viel Glück. Halten Sie die Hand so, dass der Marienkäfer zunächst nicht wegfliegen kann. Wenn Sie sich alles gewünscht und Ihre Wünsche konkret formuliert haben, sollten Sie die Hand vertikal halten, so dass der Marienkäfer die Finger hinaufkriechen kann. Wenn der Käfer wieder wegfliegt, wünschen Sie sich nochmals dasselbe und stellen sich vor, dass der Marienkäfer Ihre Wünsche zum Universum bringt. So werden Ihre Wünsche sehr schnell in Erfüllung gehen. Sie werden sehen, der Marienkäfer bringt Ihnen tatsächlich Glück ...

RITUAL 125

LIEBESKORALLE

Sie brauchen:
- eine Koralle
- ein Baumwolltuch

Werden Sie von jemandem beschenkt, oder haben Sie sich selbst eine Koralle oder eine Korallenkette zum Geschenk gemacht, wünschen Sie sich sofort viel Glück und Liebe. Nehmen Sie die Korallen in die Hand, und versuchen Sie, ihre Kraft zu fühlen und aufzunehmen, denn Korallen haben unheimliche Kräfte. Diese Kräfte wurden über tausende von Jahren angesammelt, deshalb kann man diese Urkraft heute immer noch für die magischen Liebesrituale verwenden.

Nehmen Sie die Kette bzw. den Stein in die Hand, halten Sie ihn etwa fünf Minuten lang fest und konzentrieren Sie sich auf den Partner/die Partnerin. Stellen Sie sich vor, Sie werden von dieser bestimmten Person geliebt und auf Händen getragen. Versuchen Sie, die Kräfte immer mehr aufzunehmen. Wickeln Sie Ihre Korallen dann in ein Baumwolltuch, und lassen Sie sie ein paar Tage lang ruhen. Tragen Sie diese Steine so dann immer bei sich.

RITUAL 126

FRIEDHOFSRITUAL

Sie brauchen:
- einen Friedhof
- drei Blumensträuße

Viele magische Rituale werden auf einem Friedhof oder bei einer Hochzeit durchgeführt. An dieser Stelle möchte ich ein Ritual für den Friedhof vorstellen. Gehen Sie auf einen Friedhof, und suchen Sie sich am besten einen sonnigen Tag dafür aus. Gehen Sie zu einem Grab, auf dem Ihr Vorname aufzufinden ist. Stellen Sie sich vor das Grab, und sagen Sie folgenden Satz:

"Ich ehre dich, Toter, lass mich geliebt werden, lass mich lieben, lass mich leben. So wie du im Grab liegst, so werde ich geliebt. So wie du verstorben und erlöst bist, so werde ich aufblühen. Hilf mir, ich ehre dich."

Anschließend sollte man zum Friedhof hinausgehen, schauen Sie nie zurück und versuchen Sie, mit niemandem zu sprechen.

Hiermit ist das Ritual aber noch nicht beendet. Am nächsten Tag sollten Sie als Dankeschön einen Blumenstrauß zu diesem Verstorbenen bringen. Lassen Sie die Blumen einfach am Grab ruhen und ehren Sie hiermit die gegangene Seele. Wiederholen Sie am zweiten Tag den gleichen Vorgang, und gehen

Sie dann auch wieder weg. Am dritten Tag wird der Vorgang nicht wiederholt, sondern Sie suchen sich ein anderes Grab mit dem Vornamen Ihres Liebsten/Ihrer Liebsten und legen dort auch Blumen nieder, ohne ein Wort zu sagen. Damit ist das Ritual abgeschlossen.

RITUAL 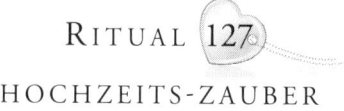 127

HOCHZEITS-ZAUBER

Sie brauchen:
- Hochzeitsbesuch

Wie schon erwähnt, auch bei Hochzeiten kann man Magie betreiben. Man geht dabei zu einer Hochzeit und wünscht sich die begehrte Person. Dabei spricht man folgendes Gebet:

"Ich (eigenen Namen sagen) *möchte dich* (Namen des Liebsten/der Liebsten erwähnen) *ehren und lieben und von dir geehrt und geliebt werden. So wie diese Hochzeit viel Glück für die Ewigkeit*

bringt, so sollst du zu mir kommen, mich lieben und auf Händen tragen."

Wie Sie wissen, ist eine Hochzeit immer ein gutes Omen. Nach diesem Ritual werden Sie tatsächlich längere Zeit eine besondere magische Anziehungskraft besitzen. Vielleicht begegnet Ihnen in dieser Zeit auch die Liebe Ihres Lebens.

RITUAL  128

FEUERRITUAL

Sie brauchen:
- eine Feuerstelle
- etwas Holz
- 3 Lorbeerblätter
- Lavendelöl

Wenn Sie wissen, dass Sie von einer bestimmten Person geliebt werden, derjenige sich allerdings nicht traut, es Ihnen zu sagen, können Sie folgendes Ritual durchführen, denn es macht es möglich, die

Gefühle, die diese Person hat, fließen zu lassen und ihre Aufmerksamkeit zu wecken.

Entzünden Sie zunächst eine kleine (sichere!) Feuerstelle. Sollten Sie diese Möglichkeit nicht haben, machen Sie ein kleines Feuerchen in einem Aschenbecher. Legen Sie ein paar kleine Hölzer hinein, und lassen Sie das Feuer brennen. Wenn die Flamme langsam ausgeht, die Glut sollte dabei aber immer noch brennen, schauen Sie in die Glut hinein und tun Folgendes: Konzentrieren Sie sich sehr stark auf diese Person. Versuchen Sie, an nichts anderes zu denken, nur an die Person, die Sie liebt und die Sie selbst auch lieben. Legen Sie dann drei Lorbeerblätter auf die Glut, so dass die Blätter verbrennen können. Während die Lorbeerblätter verbrennen, sagen Sie folgenden Spruch:

> *"So wie dieses Lorbeerblatt brennt, so soll es meinen Liebsten/meine Liebste enthemmen."*

Sie können diesen Spruch auch singen, wenn Sie wollen. Löschen Sie jetzt das Feuer.

Anschließend sollten Sie Ihre Hände mit Lavendelöl oder einem anderen Öl einreiben. Dieser Vorgang wird nur noch einmal durchgeführt. In kürzester Zeit wird sich Ihr Liebster/Ihre Liebste mit Ihnen treffen wollen.

RITUAL 129

RITUAL FÜR DIE RUHE

Sie brauchen:
- Feuer
- eine Prise Salz
- Pflanzenblätter

Wenn Sie jemand immer wieder belästigt und Sie nicht in Ruhe lässt, Sie diesen Menschen aber absolut nicht um sich haben wollen, sollten Sie Folgendes tun: Finden Sie einen ruhigen Platz, und machen Sie ein (sicheres!) Feuer. Sollte diese Möglichkeit nicht bestehen, können Sie bei diesem Ritual das Feuer auch in einem Aschenbecher entzünden. Nehmen Sie dann etwas Salz, und werfen Sie es in das Feuer. Anschließend sollten Sie noch ein paar unterschiedliche Pflanzenblätter verbrennen. Wenn Sie das gemacht haben, sagen Sie laut den Namen der Person, die keine Ruhe gibt. Löschen Sie nun das Feuer.

Dieses Ritual können Sie nicht nur für die Liebe, sondern auch für zwischenmenschliche Kontakte verwenden. Also wenn Sie jemand immer wieder nervt, z. B. im Beruf, können Sie dieses Ritual auch anwenden. Wenn Sie das Ritual abgeschlossen haben, können Sie es noch ein paar Mal wiederholen. Bei der Wiederholung des Rituals sollten Sie aber eine kleine Veränderung integrieren: Zu dem Namen, den Sie in die Flamme sprechen, sagen Sie:

"Hier ist meine Unruhe, nimm sie und vergehe!"

Dieses Ritual sollte insgesamt aber nicht mehr als 10-mal hintereinander durchgeführt werden.

RITUAL 130

SCHUH-ZAUBER

Sie brauchen:
- einen Schuh
- eine Prise Salz

Wenn Sie jemanden lieben und derjenige aber nicht bemerkt, dass Sie diese Gefühle für ihn haben, sollten Sie dieses Ritual anwenden. Besorgen Sie sich einen Schuh dieser Person, und machen Sie Folgendes: Nehmen Sie etwas Salz, und streuen Sie es in den Schuh, den Sie dann so stehen lassen. Das Salz wird nach einer Weile aus dem Schuh ausgeschüttelt und entsorgt.

Wenn man keinen Schuh der betreffenden Person besorgen kann, sollte man versuchen, einen Fußabdruck von ihr zu finden und auf diesen Salz streuen. Viele russische Zigeuner praktizieren diese Rituale bis heute noch, allerdings mit einigen Abwandlungen: Bei den Zigeunern wird der Fußabdruck mit der Erde aufgenommen, diese wird an einem Baum ausgelegt und es wird gebetet.

SCHLUSSWORT

Liebe Leserin, lieber Leser,

zum Schluss möchte ich noch einen Appell an alle neue Magierinnen und Magier anbringen. Wenn Sie das Buch gelesen und einige Tipps von mir bereits ausprobiert haben, werden Sie bestimmt sehr schnell merken, dass es einige Dinge zwischen Himmel und Erde gibt, die man nicht erklären kann – es gibt sie, auch wenn wir sie nicht verstehen können.

Magie ist eine Energiearbeit. Haben Sie bitte Respekt vor ihr. Magie ist wie ein scharfes Messer, das man in der Hand hält. Man kann hiermit etwas schneiden oder auch jemanden und sich selbst verletzen. Benutzen Sie die Rituale daher *nie* mit böser Absicht. Die Energie kommt definitiv nicht an und wird zurückschlagen, so dass Sie davon bestimmt nicht profitieren werden. Magie darf nur mit guten

Absichten betrieben werden, um anderen oder sich selbst zu helfen.

Sollten Sie merken, dass Sie magisch belastet sind (Kopfschmerzen, Energielosigkeit etc.), führen Sie sofort eine energetische Reinigung durch. Wenn Sie auch nur vermuten, dass jemand mit Ihnen Magie betreibt, so tun Sie Folgendes:

Nehmen Sie Ihr Foto, und legen Sie einen Bergkristall (oder einen Amethysten) darauf. Lassen Sie das Foto liegen. Nehmen Sie ein zweites Foto von dem geliebten Menschen, und stellen Sie ein Glas Wasser darauf. Lassen Sie das Glas so lange stehen, bis das Wasser verdunstet ist. Um sich weiterhin zu schützen, nehmen Sie einen Zettel, auf den Sie Ihren Namen, Ihr Geburtsdatum und das Wort "Schutz" schreiben. Zeichnen Sie zusätzlich vier Kreuze auf den Zettel, und falten Sie ihn zu einem Röhrchen zusammen. Binden Sie den Zettel anschließend mit einem roten Zwirn oder Faden zusammen, und hängen Sie ihn an eine Eiche.

Auch Engel schützen gegen Magie, und jeder hat Engel an seiner Seite. Das können Erzengel oder auch Ahnen und Verstorbene sein. Sie begleiten und unterstützen uns und unsere Handlungen, sie lehren uns zu leben und zu lieben, uns zu entscheiden und uns spirituell zu entwickeln. Sie geben uns Kraft, um alle Situationen zu meistern. Ich arbeite seit Jahren schon mit Engeln zusammen, und sie begleiten mich durch mein Leben und lassen mich nie im Stich. Ich erhalte zudem verschiedene Botschaften und Engelzeichen und lebe damit viel leichter als früher.

Auch Sie können Ihre Sinne für Engel und den Empfang von Engelfrequenzen sensibilisieren. Engel sind Energien, die uns begleiten und schützen, sie sind immer da. Man muss nur versuchen, sie zu finden, zu erkennen und zu verstehen.

Diese Suche wird erleichtert, wenn man mit Schwingungen arbeitet. Die Musik beispielsweise stellt solch eine Schwingung dar, und positive Musik zieht auch gute Energien an. Zum Schutz gegen negative Energien können Sie eine Engel-Musik anhören. 2007 habe ich sogar selbst eine Engelmusik-CD mit einer Pianistin aus Graz komponiert. Mit der Musik auf dieser CD können auch Sie in Kontakt mit Ihren Schutzengeln treten, sie erkennen und versuchen, sie zu kontaktieren. Wenn Sie die Engel das erste Mal durch diese CD spüren werden, wird Ihnen bewusst werden, wie sehr Sie diese hellen, wunderbaren Schwingungen bisher vermisst haben. Grundsätzlich kann jeder Mensch den Kontakt zum eigenen Schutzengel herstellen, er muss es nur zulassen, und er braucht den richtigen Leitfaden. Ein solcher Leitfaden ist diese Musik-CD.

Ihr Schutzengel wird Ihnen immer helfen, wenn Sie Angst, Sorgen, Trauer, Liebeskummer oder andere Probleme haben. Er hilft Ihnen in Fragen zu Liebe, Beruf, Geld, Erfolg, Gesundheit, Spiritualität und Meditation. Sehen Sie doch einfach auf meiner Homepage, die am Anfang des Buches erwähnt ist, nach, und erfahren Sie noch mehr hierzu sowie zur beschriebenen Musik-CD.

Zu Ihrem eigenem Schutz können Sie auch die rechts abgebildeten Engelzeichen verwenden. Engelzeichen kommen aus dem Engelalphabet und haben eine stark reinigende Wirkung. Kopieren Sie einfach eines davon, und legen Sie es in Ihrer Wohnung aus. Der Schutz wird Ihnen sofort gewährt werden.

Ich hoffe, Sie haben etwas lernen können und hatten Spaß dabei. Ich werde bestimmt noch weitere Bücher zu esoterischen Themen schreiben und freue mich, wenn Sie auf diesem Weg weiter mein Schüler bleiben. Das beste Wissen ist schließlich das, was Sie anwenden können, wenn Sie es brauchen ... Das Wissen ist das, was unser Leben bewegt, was unseren Geist nährt, und man kann vielleicht sagen, dass das Wissen sogar das Leben selbst ist.

Viele liebe Grüße
Ihr Vadim Tschenze

233

ZUM AUTOR

Was man logisch nicht erklären kann, wird als paranormales Phänomen bezeichnet – so ist es auch in Vadim Tschenzes Fall. Er wurde am 10.08.1973 in Usbekistan geboren und lebte dort jahrelang, bevor er ins Allgäu und nach München übersiedelte, nun lebt und arbeitet er in Kreuzlingen am Bodensee in der Schweiz.

Bereits seit sechs Generationen arbeitet Vadims Familie im Bereich Heilen, Vorhersagen, Magie und spirituelle Beratung. Dieses Können wird von Generation zu Generation weitergegeben. In diesem Buch offenbart Vadim Tschenze seine großen Magie-Geheimnisse, was er mit Freude tut, ermöglicht er es seinen Lesern doch so, die wichtigsten spirituellen Themen zu verstehen und anzuwenden. Wie all seine übrigen Bücher ist auch dieses Werk sehr einfach zu verstehen, weil es ihm am Herzen liegt, dass auch Laien die Materie leicht begreifen können. Vadim Tschenze arbeitet seit seinem zwölften Lebensjahr mit Ritualen und Magie.

LITERATUR

Vadim Tschenze, "Russisches Orakel", Urania 2007

Vadim Tschenze, "Karma-Orakel – der Mensch und die karmischen Gesetze", Urania 2007

Vadim Tschenze, "Kartenlegen nach russischer Tradition", mit Karten, Corona 2006

Vadim Tschenze, "Russisch-tibetische Honigmassage", Videel BOD 2001

Vadim Tschenze, "Orientalisches Wahrsagen – Kaffeesatzlesen", Silberschnur 2007

Vadim Tschenze, "Das geheime Wissen – Einführung in die Welt der Esoterik", Silberschnur 2006

Vadim Tschenze, "Alte russische Karma- und Reinkarnationslehre", Corona 2004

Silver Raven Wolf, "Die schützende Kraft der Engel", Ullstein 2004

(Mehr dazu erfahren Sie in meinem Buch *"Das geheime Wissen – Einführung in die Welt der Esoterik"* erschienen im Verlag "Die Silberschnur" oder in meinen Seminaren und Ausbildungen (siehe Kontaktnummer meines Sekretariates S. 18).

Weiterführende Informationen zu
Büchern, Autoren und den Aktivitäten
des Silberschnur Verlages erhalten Sie unter:
www.silberschnur.de oder durch
die Zusendung der beiliegenden *Postkarte*.

Ihr Interesse wird belohnt!

€ [D] 14,90
208 Seiten, broschiert
ISBN 978-3-89845-151-2

Vadim Tschenze

Das geheime Wissen

Einführung in die Welt der Esoterik

Das Buch der Antworten … Der bekannte TV-Wahrsager Vadim Tschenze offenbart Ihnen in diesem Buch die Geheimnisse der Hellseher der ganzen Welt auf anschauliche und einfache Art und Weise.
Erlernen Sie Besprechen, Geistheilung, Handauflegen, Kerzenschattenlesen, Rauchdeuten, Wasserlesen, Pendeln, Handlesen, Gesichtslesen u.v.m. Denn wer weiß, was morgen passiert, lebt leichter …

€ [D] 14,90
272 Seiten, broschiert
ISBN 978-3-89845-254-0

Vadim Tschenze

Übersinnliche Phänomene

Mystische Begebenheiten aus der Anderswelt

Fast jeder hat in seinem Leben schon etwas Unheimliches erlebt, wofür er keine Erklärung finden konnte… Erscheinungen der außersinnlichen Wahrnehmung, die sich einer wissenschaftlichen Erklärung entziehen, haben schon viele Menschen, mehr oder minder bewusst, erlebt.

€ [D] 6,95
152 Seiten, broschiert
ISBN 978-3-89845-228-1

Andrea Buchholz

7x7 magische Tipps
für den Alltag

Ärgern auch Sie sich, wenn Sie manchmal an den kleinsten Dingen des Lebens scheitern oder verzweifeln? Die erfahrene TV-Astrologin und Lebensberaterin Andrea Buchholz führt hier ein paar ganz einfache spirituelle und magische Tipps vor, die es jedem Leser erlauben sollen, seinen Alltag ab sofort problemlos zu managen…

An 7x7 Beispielen erfahren Sie, dass die Lösungen für manche Probleme absolut einfach sind.

€ [D] 19,90
47 Karten mit Begleitbuch in Stülpschachtel
ISBN 978-3-89845-150-5

Christian Materne

Christian Maternes Nostigal-Tarot

Modern und unkompliziert! Der aus zahlreichen TV-Sendungen bekannte Moderator Christian Materne bietet Ihnen durch dieses neuartige, von ihm entwickelte Karten-Set die Möglichkeit, schnell und unkompliziert mit nur einer Karte Ihre Fragen genau und präzise zu beantworten.

Jeder Karte des Nostigal-Tarots ist ein Glücksedelstein sowie eine numerologische Zahl zugeordnet, deren Bedeutungen ausführlich erläutert werden.

€ [D] 24,90
34 farbige Karten,
224 Seiten Arbeitsbuch,
broschiert, Spieltuch,
in Stülpschachtel
ISBN 978-3-89845-210-6

David Carson & Nina Sammons

Orakel 2013

Karten zum neuen Zeitalter

Metaphysiker vergangener Zeitalter hinterließen unserer Generation wichtige symbolische Schlüssel – die im Orakel 2013 zusammengetragen wurden und die uns helfen, das Wissen der Maya, Azteken, Tolteken und Hügelbauer für den Übergang in ein neues Zeitalter zu nutzen. Dieses schöne Buch, die Karten und das Cenoten-Tuch sind machtvolle Instrumente. Lege deine Karten auf dem Cenoten-Tuch aus, und aus seinen Tiefen werden die Antworten zu dir kommen…

€ [D] 13,90
4 Karten, Format 10 x 8,5 cm
ISBN 978-3-89845-120-8

Toni Carmine Salerno

Liebesorakel – Amors Botschaften

Ein Bild sagt mehr als tausend Worte – nach diesem Motto wurde auch das Kartendeck aus Reproduktionen der visionären Bilder des Künstlers Toni Carmine Salerno gestaltet. Mit 44 bewegenden Karten, die inspirieren und Führung in Herzensangelegenheiten anbieten, umfasst es all die vielen ver- schiedenen Aspekte von Liebesverbindungen und bietet überdies einen intuitiven Zugang zur Arbeit mit Beziehungen.